U0574099

请你这样帮助我

教师心理工作坊

中小学生
常见心理行为
问题疏导

陈师韬 / 主编

北京师范大学出版集团
BEIJING NORMAL UNIVERSITY PUBLISHING GROUP
北京师范大学出版社

图书在版编目（CIP）数据

请你这样帮助我：中小学生常见心理行为问题疏导/陈师韬
主编． —北京：北京师范大学出版社，2024.7(2025.5 重印)
（教师心理工作坊）
ISBN 978-7-303-29517-3

Ⅰ．①请…　Ⅱ．①陈…　Ⅲ．①中小学生－心理疏导
Ⅳ．①G474

中国国家版本馆 CIP 数据核字（2023）第 212743 号

QINGNI ZHEYANG BANGZHUWO：ZHONGXIAOXUESHENG
CHANGJIAN XINLI XINGWEI WENTI SHUDAO

出版发行：北京师范大学出版社 https://www.bnupg.com
　　　　　北京市西城区新街口外大街 12-3 号
　　　　　邮政编码：100088
印　　刷：唐山玺诚印务有限公司
经　　销：全国新华书店
开　　本：710 mm×1000 mm　1/16
印　　张：14.25
字　　数：237 千字
版　　次：2024 年 7 月第 1 版
印　　次：2025 年 5 月第 2 次印刷
定　　价：68.00 元

策划编辑：何　琳　　　　　责任编辑：张姗姗
美术编辑：焦　丽　　　　　装帧设计：焦　丽
责任校对：梁　爽　　　　　责任印制：马　洁

本书编写人员

主编：陈师韬

参编（以姓氏笔画为序）：

　　毕文秀　余泳蓝　袁　泉　郭兰心　魏　伟

前　言

　　儿童青少年的心理问题已经越来越受到家长、教师、心理健康教育工作者及公众的关注。例如，情绪上的焦虑、抑郁问题，学业上的厌学、拖延问题，和家人之间的矛盾分歧，还有行为上其他让人担忧的情况，如网瘾或者胆小退缩。家长、教师在看到孩子的这些表现后都会急切地盼望孩子能发生改变，却往往不知道该如何理解孩子正在经历的痛苦，更不知道该从何下手有效地帮助孩子移除成长道路上的绊脚石。作为一名从业十余年的儿童青少年心理咨询师、督导师及大学科研人员，我非常希望能通过一本书，以案例的形式，站在孩子的视角告诉成人如何理解及帮助孩子。

　　本书内容涵盖了儿童青少年在学业、人际关系、家庭关系、情绪及行为这五大方面的议题。每个议题首先从儿童青少年的发展特征及指导策略开始，为家长和教师提供对相应议题的宏观理解，然后用心理咨询工作中真实遇到，但做了一些融合及加工以避免暴露来访者真实信息的案例，来具体呈现和分析不同年龄阶段及背景的孩子在遇到某类问题后的表现，从而帮助家长和教师进一步理解并着手进行干预。本书还列举了一些常见的干预误区来帮助家长和教师绕开"雷区"。在推荐的干预方向上，读者可以从书中的"百宝箱"中找到一些可以使用的心理学工具。作为主编，我希望可以帮助读者以通俗易懂的方式从案例中学会举一反三，切实地把心理学知识运用在生活中。

当然，儿童青少年的问题不止本书呈现的这些。每个孩子都有其特别之处，成长背景、家庭环境、学校环境等因素都会影响对个体的理解和干预。本书不可能囊括真实生活场景中遇到的所有议题，我也不期待这本书可以成为解决儿童青少年心理问题的"万能神药"，但只要书中提供的视角可以帮助一个孩子、一个家庭、一位教师向其所盼望的方向做出改变，那我们的工作也就有了价值和意义。

最后，非常感谢我优秀的毕业生们在知识和情绪上对本书写作和出版做出的贡献。她们作为有着丰富临床干预经验的儿童青少年心理咨询师，为本书增添了大量有益的内容。希望这本书能带着我们的临床经验帮助到有需要的孩子、家长和教师。

全书由我主持确定写作框架、案例内容、干预方向，然后请编写人员分别创作章节内容，最终再由我进行统一修改定稿。各章的具体编写分工如下。

第一章：魏伟

第二章：毕文秀

第三章：余泳蓝

第四章：郭兰心

第五章：袁泉

陈师韬

2024 年 7 月于北京

目 录

第一章
学业议题

　　学业发展是家长和教师最为关切的话题，也是儿童青少年每天的生活中不断面对的主题。学习过程本身，是一个让个体可以获取知识、培养思维以逐步成长、获得自主面对生活的能力并发展自我以适应社会的过程。但是，学业表现很多时候还是评价儿童青少年的一个指标，因此，成人对这个指标的关注，以及对儿童青少年学业表现的评判，会给儿童青少年很大的心理影响。例如，有的儿童青少年通过学业评价获得对自己的认可，变得更自信、更有动力；有的则因为学业评价感到自卑、焦虑不安，不愿行动。曾有一名咨询师分享过她爷爷的一个梦境，爷爷七十多岁了，还是会做考试考差了的梦。这个梦境可以折射出爷爷对考试的恐惧，也就是对"被评价"这个过程的恐惧。

　　当家长和教师受困于"孩子为什么这么懒，都不学习""孩子为什么这么笨，都学不好"，以及"为什么我们在孩子的学习上花了这么多力气，孩子还是没有任何长进"时，家长和教师首先要去理解孩子遇到了什么困难，孩子在学习过程中有什么样的心理特点，然后基于这些理解，再去想如何帮助孩子在学业上发展，增强孩子自主学习的动力。

　　很多家庭由于孩子的学业问题变成了"高压锅"，亲子关系、夫妻关系都受到影响，每个人置身其中都感到窒息却无法逃离。把这些归咎于孩子，对孩子的学业行为做出评判和指责很容易，但静下心去理解孩子的内心，去发现孩子不愿自主学习的原因却不容易。本章的内容，就是要帮助家长和教师去探索和体验这个不容易的过程。

第一节　儿童青少年学业发展特征及指导策略

一、儿童青少年学业发展特征

　　我们先一起了解一下不同年龄阶段儿童青少年的学业发展特征，从而更好地理解其在成长过程中可能的体验和感受。

（一）小学 1～3 年级

　　在这一时期，孩子刚刚开始接受正式的学校教育，开始进入更有规则的小学课堂中，逐步开始有作业，开始接触考试这件事。小学 1～3 年级是培养学习兴趣、养成学习习惯的重要阶段，如果孩子能够感受到自己在学习过程中的勤奋感、成就感，形成良好的自主学习习惯，孩子的学业表现、自信心、学习的积极体验就会形成正向循环；否则，孩子可能会感到挫败，自信心受损，出现对学习不感兴趣、沉迷游戏、写作业拖延等情况。

在临床工作中，曾有成年来访者这样讲述他的经历："我读小学的时候，就像从外星球掉到这个世界上，完全不知道学习、考试是怎么一回事，当时家人也不在身边，学业表现不理想对我的打击很大，我从小就很自卑，觉得自己不行。"在这一案例中，来访者难以在学校教育开始的初期理解和适应学校教育的环境，这对当时还是孩子的他来说是个较大的挫折，这形成了他对学业自卑、恐惧的心态。

根据埃里克森人格发展八阶段理论，孩子在这一阶段所学的重要课程是"体验以稳定的注意和孜孜不倦的勤奋来完成工作的乐趣"（Erikson，1966）。在这个过程中，孩子可以获得一种为他在社会中满怀信心地同他人一起寻求各种劳动职业做准备的勤奋感。如果孩子没有形成这种勤奋感，他们就会形成一种对自己能成为社会有用之人丧失信心的自卑感。

（二）小学 4～6 年级

进入 4 年级后，孩子的学业难度加大，无论是教师还是家长，在这个阶段都会更重视孩子的学业表现。有研究指出，在小学高年级，孩子会更多地与同伴进行比较来评估自己的学业表现（Altermatt et al.，2002；Pomerantzdeng et al.，1995）。在这个阶段，孩子、家长和教师对学业的紧张感都会有所增加。

曾有一位因学业拖延来到咨询室的学生，他在小学低年级时很少听课或写作业，只要在每次考试前认真地看一下书本，就能理解近期学习的知识并获得很好的学业表现。到了小学 4 年级，他还是按照这样的方式学习，预期自己可以获得良好的学业表现、获得认可，但"魔法"似乎失效了，他要面对的是并不理想的学业表现，以及由此带来的心理打击。这也影响了他与同伴的交往，他觉得自己不如同伴，这让他很没有面子，因而在人际交往上出现了退缩的情况。孩子自己和家长对此都非常焦虑，但越是焦虑，孩子就越抗拒学习。在这个案例中，孩子在旧有学习情境中惯用的学习方式在新的学习阶段不再适用，这时孩子若不能得到及时的学业引导与心理支持，可能会越发对学习失去信心与兴趣。

在学龄前期和小学低年级阶段，学习任务相对简单，孩子设定的目标任务往往努力就能完成，因此，孩子会更相信能力是可变的，也就是通过不断努力和练习能获得更多能力。在小学高年级阶段，由于家长和教师越来越重视学业表现，孩子会慢慢倾向于把能力看成是一种稳定的、固定的特质（Butler，1999；Eccles et al.，1993；Jacobs et al.，2003），容易出现"我学业表现不好，是因为我不行，我能力不足"之类的想法。

（三）初中 7～9 年级

进入初中后，孩子开始步入青春期了，这一阶段无论对孩子自己还是家长和教师都是很有挑战的。根据埃里克森的理论，孩子在这一阶段开始探索自我了，很多家长和教师会观察到孩子在这一阶段开始出现一些"叛逆"的行为了。所谓"叛逆"，其实反映了孩子正常的心理发展特点，也就是青春期孩子开始有自己的想法了，希望可以自己做决定。

临床实践中，曾有一位大学生来访者在咨询室里讲述她初中时的读书经历："我妈妈是学校里的英语老师，她一直盯着我的学业，给我制订各种学习计划，我说我有自己的安排，她还是会让我按照她的方式去学。那种感觉特别压抑，我虽然最后按照她说的做了，但那个过程很痛苦。我花了很多时间学习，学业表现也没有特别的提升和改善。"在这个案例中，家长在孩子学业中的卷入让孩子感到压抑，孩子主动探索、锻炼的机会被阻断了。家长的控制背后也透露着这样的信息："我不觉得你有能力安排好自己的学习，只有听我的，你才能学得好。"

初中阶段，孩子的自我意识迅速发展。如果在这一阶段，孩子在学习中能有空间和机会探索和了解自己的兴趣、能力，那么孩子对自我的认识将逐步深入，孩子在这一过程中将获得喜悦等积极体验和继续探索的动力。高中阶段，孩子会面临高考或选学科的难题，这需要他们基于自己的兴趣与能力，基于对自己未来职业发展的规划做出决策。因此，孩子若能在初中阶段就对自己有足够的探索与了解，其高中阶段的学业发展也将受益匪浅。

（四）高中 1～3 年级

高中阶段，孩子在心理上面对的主要挑战是如何应对高考带来的压力。除了孩子自身的心理素质，学校系统、家庭系统也会影响孩子的压力应对效果，尤其是家长和教师能否给到孩子及时且恰当的支持。

"我高三时压力很大，出现了头痛、脖颈后方疼痛。周围人和医生都说是我自己学业压力太大，所以身体出现了这些信号，就连老师也这么说。我当时觉得周围的人都不理解我，当他们说是因为我学业压力太大时，我感觉好像这件事情就是我自己造成的，就像是在说这是我自己的问题。我记得我那时候痛苦地躺在地上哭，到最后都觉得自己在'自暴自弃'，有些受不了了。学习也就随它去了。"这是一位来访者在咨询室中的讲述。周围人指出了她的学业压力，但没有人陪伴她面对这种压力，也没有人告诉她面对这种压力可以怎么做，她感受到的是深深的孤独和无助。

在高中阶段，当孩子面对人生中非常重要的一次考试，即高考时，考试带来的学业压力是无法避免的。良好的人际联结、丰富的社会支持系统对于缓解这种学业压力有着重要作用。相对于回避、否认和批判压力的存在，同伴、师生和亲子之间可以尝试谈论这种压力，来帮助孩子意识到这种压力是普遍存在且正常的，这一过程对于缓解孩子的压力有重要作用。当孩子发现感到压力是正常的，有人和我一样，有人陪我一起面对时，他内心就会获得支持感。家长和教师虽然无法帮助孩子消除高考的压力，但可以调整孩子看待压力的视角，帮助孩子意识到心跳加快、呼吸急促等生理反应是身体已做好迎接挑战的准备的信号，一个人越能直面压力，就越能将压力转换成自我支持的资源。

二、指导策略

基于以上这些特征，本章提供以下这些常用的针对学业问题的指导策略供家长和教师参考。

（一）理解孩子学业问题背后的原因

每个班级中都有在学业方面存在问题的孩子，当用心去看每一位孩子时，就会发现他们学业问题背后的原因是多种多样的。本文从主观—客观、内因—外因这两个维度对学业问题出现的原因进行分类，如表 1-1 所示。其中，主观因素是指与心理过程相关的因素（如认知、情感、意志等），客观因素是指客观存在的内外部环境因素（如内部先天的遗传环境、外部的学习环境等）。要理解孩子学业问题背后的原因，教师不仅要关注孩子的学业行为、学业表现，还要关注孩子的内心感受、人际环境等。

表 1-1 学业问题原因分类

	主观	客观
内因	学习动力(如因经常体验到失败而产生自卑心理); 学习态度(如不觉得学习是一件重要而有意义的事情); 学习方法(如未能设置一定的学业目标与学习规划)。	先天的遗传因素(如注意缺陷/多动障碍、阅读障碍等)。
外因	同伴压力(如与同伴进行学业比较); 家长期待(如家长对孩子有过高的学业要求,高控制令孩子感到压抑); 家庭关系(如家庭中夫妻关系紧张,孩子担心家里发生的事情)。	恶劣的学习环境(如家庭中没有良好的学习氛围,家长在孩子学习的场景中打麻将); 学习环境的变化(如到不同地区就读,面临语言环境、学习方式、班级氛围等因素的变化)。

(资料来源:谢弗,2016,有删改)

(二)培养孩子的学习兴趣,建立学习内容与真实生活的联系

在学业指导过程中,教师要不断引导孩子将学习内容与真实生活联系起来,这有助于加深孩子对学习内容的理解、记忆,同时激发孩子主动探索的兴趣。如上文所述,尤其在学龄前期,孩子正开始培养学习兴趣、学习习惯,正开始体验学习中的勤奋感。教师可以通过案例教学法、项目制学习法、讨论法等教学方法吸引孩子的注意力,把孩子邀请到主动探索的过程中。同时,教师也可以鼓励家长多带孩子在生活中进行一些实践性的活动,让孩子在购物的过程中体验应用数学运算的乐趣、在公园欣赏风景的过程中体验诗词的美妙、在动手制作玩具的过程中体验物理原理的神奇等。

(三)增强孩子的心理韧性,肯定孩子努力的过程而非结果

学习过程伴随着评价,而评价过程影响孩子内心对自己的认识和感受,也影响孩子应对挫折的态度。心理学家卡明斯和德威克(Kamins & Dweck,1999)研究发现,在孩子学习的过程中对孩子努力投入的过程给予及时肯定,即过程取向的表扬方式，优于对孩子个人的天生特质进行肯定，即个人取向的表扬方式，也优于对学业结果进行肯定，即结果取向的表扬方式。

 小贴士

关于"表扬"的心理学研究

参与实验的孩子被研究者随机分为三个组：在顺利情境中，个人取向表扬组给予孩子如"你真聪明"这样的表扬；结果取向表扬组给予孩子如"你做得对"这样的表扬；过程取向的表扬组给予孩子"你真努力"这样的表扬。之后，研究者为这些孩子设计了挫折情境，结果发现受到"你真努力"这样的表扬的孩子，自我评价更积极、情绪状态更佳、更愿意坚持。

（资料来源：Kamins & Dweck，1999，有删改）

家长和教师在陪伴孩子学习的过程中，如果观察到孩子在很努力、很专注地学习，可以在孩子完成学习任务之后，对孩子努力投入的过程给予及时的肯定。当孩子意识到自己通过努力能得到进步、收获肯定时，孩子会更愿意继续坚持。孩子的勤奋感、正向的自我认识、应对挫折的心理韧性等在这一过程中都得到了发展。

（四）理解孩子是学习的主体，把学习的责任还给孩子

学习的主体是孩子，不是教师，也不是家长。以写作业为例，许多家长和教师对孩子作业写得慢感到焦虑，对孩子作业中犯的错误感到难以理解，这个时候其实是在用成人的思维看待孩子写作业这件事。写作业的过程是孩子学习的过程，孩子犯错误，自己去发现错误，再自己去纠正错误，这对孩子而言是很有意义的探索过程。如果家长和教师过分强调孩子写作业的"结果"，那么一方面会让自己感到疲惫，一方面也会让孩子失去自己犯错误、探索的权利。如上文所述，孩子的自我意识在初中阶段迅速发展，尤其需要体会自己主动探索、自己做决定的心理过程，这时候家长和教师若能给孩子一些信任，留给孩子自我发展的空间，孩子会更主动承担起学习的责任，体验主动探索的乐趣。

第二节 学习障碍

接下来，本节会用一个案例介绍有学习障碍的孩子在日常生活中可能有什么样的表现，然后针对家长和教师在这样的案例当中需要注意什么，如何去理解孩子的表现提供一些干预的策略建议。

 案例

"我不是笨小孩"

在央视纪录片《我不是笨小孩》中，校校是一个可爱的小男孩，正就读小学 5 年级，智力水平良好。在上小学之前，校校在父母眼里是一个非常让人省心的孩子，乖巧、听话，每天都过得开开心心，不爱哭，不爱闹，不认生。他从小就很外向，见到谁都会聊上几句，沟通能力非常好。

校校开始上小学了，他父母的噩梦也开始了。校校在写作业的时候常常和他父母周旋，父母一不留神他就开始做一些小动作、玩耍。更令他父母绝望的是，有些知识点教过很多遍，校校还是会犯错；听写总听不出来，字常常写错；阅读文章，无法准确地读出来，盯不住字；2~3 年级时，一个上午写不出二十个字。校校母亲说："怎么教都教不会，好像记忆里有个膜，进不去。"因为校校的学业问题，家庭的全部精力都放在孩子的读和写上了。校校和父母的亲子关系，父母的夫妻关系曾一度陷入紧张状态。

校校在学校的课堂上总是坐不住，手头的东西随时会变成玩具。老师说："校校的纪律不是很好，常常走神，沉浸在自己的世界里。"除了学习，校校在校期间一切正常，也很喜欢和其他同学交往。但渐渐地，在学业方面反复体验的挫败感让他开始本能地逃避没有结果的付出，开始厌学，严重抵触读书和写字。

校校父母最后听从老师的建议，带校校到医院进行评估，发现校校除了有注意缺陷/多动障碍，还有阅读障碍。校校的父母终于明白，校校学业表现不理想，不是因为他不努力，看得见的多动障碍也不是主要原因，其根源在于看不见的阅读障碍。校校在学业中的许多表现符合典型的阅读障碍症状。

 案例解析

需要关注的表现

本案例中，校校在学习过程中有一些反复出现的行为表现，如在学习过程中难以保持持久的专注，会出现各式各样的小动作，上课经常走神，读写过程中反复出现错误，即使反复强调也很难掌握。

从行为发展角度来看，本案例中的校校受教育机会并非匮乏，智力发育没有明显迟缓的情况，自身学习动机尚可，学习兴趣无明显丧失，但还是在学业方面出现了以上的行为表现。除去这些影响因素，家长和教师还要考虑到孩子自身是否存在一些有生理基础的发展障碍，如注意缺陷/多动障碍、阅读障碍等。本案例中，校校就确诊了注意缺陷/多动障碍和阅读障碍。这两种发展障碍有较高的共病率，由于人们对阅读障碍的了解较为匮乏，阅读障碍通常在孩子因多动求医时才会被发现。患有阅读障碍的孩子在"听""说"方面是很正常的，但在"读""写"上会感到非常吃力，这也是为什么校校的父母在他上小学前并未发现他与别的孩子不同，而在他进入小学，难以应对较多读写任务时才对此有所察觉。

 小贴士

注意缺陷/多动障碍的典型表现

注意缺陷/多动障碍(Attention Deficit and Hyperactivity Disorder，ADHD)的典型表现：①注意缺陷，指的是孩子难以将注意

力集中在需要完成的任务上，无法抵御干扰因素，难以保持注意力，难以完成任务的组织实施，常常无法完成任务；②多动，包括无法安静地坐在课堂里听完一堂课，常常无目的地来回走动、奔跑、跳跃，总是不停地活动、说话，少有片刻安静，总是动手动脚、有一些课堂小动作、干扰他人；③冲动，表现为极度缺乏耐心、行为唐突、突然插话、干扰他人、难以自制。

阅读障碍的典型表现

阅读障碍的典型表现：①词汇识别不准确，难以辨别音同、音近或形近的字词，或难以辨别拼音字母，不能把字母与发音相联系；②逐字阅读，不能正确停顿，或嘴唇嚅动，发嘘嘘声、喃喃声；③阅读时缺少理解，难以获取意义，讨厌阅读。

（资料来源：美国精神医学学会，2014；顾明远等，1998）

从人格发展角度来看，孩子在小学阶段会面临勤奋感与自卑感的心理冲突。当校校在学业上反复体验挫败感时，他会逐渐失去对学习的兴趣和动力。患有学习障碍的孩子，很容易在学业中受挫，他们的心理健康状况尤其需要被关注。正如《我不是笨小孩》中北京师范大学的李虹教授所提到的："有时候孩子不愿意学习，是一种自我价值保护的行为，当孩子觉得无论我如何努力，好像都得不到肯定，那我不如不学了。在学业方面，他们需要更具个别化的教育方案，而个别化教育方案的实施，需要家长和教师达成共识，朝着一个方向共同努力。"

 百宝箱

个别化教育方案

个别化教育方案（Individualized Education Program，IEP）：是针对孩子的身心特征和教育需要，由专业的教师和家长共同拟定的教育方针及孩子的学习计划。IEP 的主要内容包括儿童的现况、相关的教育措施、长期目标、短期目标、计划的评定方式、标准以及评定日期。

(资料来源：于素红，2011)

从家庭环境角度来看，校校的家庭出现了家庭关系紧张的情况，包括亲子关系紧张和夫妻关系紧张。家庭中有患有学习障碍的孩子，对家长的教养是很大的挑战，由于孩子的学业落后，家长可能会面临来自学校教师的压力，而在指导孩子学习的过程中会反复体验挫败感。当夫妻双方共同指导孩子学习时，在焦虑与挫败感的驱使下，他们更可能出现意见上的冲突而发生争吵。孩子与父母也容易因为学业的问题产生冲突，孩子会感到与父母在疏远，父母的形象总是与学业要求、学业压力捆绑在一起。当整个家庭的氛围都变得紧张，孩子很难感到安心、稳定，也就更难面对学习障碍带来的挑战了。

从同伴关系角度来看，本案例中未具体涉及的同伴环境也是家长和教师需要关心的。孩子可能在学校里会被同伴拒绝，这可能会让孩子感到自卑，觉得自己不够好、不受欢迎，在同伴交往中表现出不安、退缩的情况。孩子如果长期在同伴关系中感受不到归属感和支持，就可能会排斥学校环境甚至拒绝上学。

一、常见干预误区

有些家长可能会用"懒""笨"来评价孩子，认为孩子是因为学习态度不端正、没有足够努力而导致学业落后，有时会将孩子的学业表现与其他同伴进行比较，通过肯定其他孩子来试图刺激自己的孩子，但这样的行为往往会更加损伤孩子的自信心，使得孩子对学习的兴趣进一步减退。

有些家长不能接受自己的孩子有学习障碍，对此始终持否认态度，不愿带孩子接受专业的评估诊断，这使得孩子错过干预的最佳时期。这些家长试图用与其他孩子一样的学习进度、学习目标要求孩子，对孩子保持高要求、高期待，这样做往往会让家长和孩子都感到消耗、精疲力竭。

有些家长和教师为了让孩子有更多锻炼机会，不断让孩子在公众前进行朗读等孩子并不擅长的事。这一行为的出发点和动机是好的，但也需注意这可能对孩子内心造成的影响。例如，孩子可能会因为自己努力了还是表现得不够好且被很多人看到，而更感到自卑甚至是羞耻。

二、推荐干预方向

对于校校这类有阅读障碍的孩子，家长和教师可以从以下几个方向入手进行干预。

（一）帮助孩子理解自己

家长和教师在知晓孩子患有阅读障碍或其他学习障碍后，首先需理解，孩子在学业上遇到困难并不是孩子自身不够努力，而是孩子在发展上有一些先天性的落后。其次，家长和教师也要帮助孩子理解为何自己在学业上会感到吃力、为什么努力也收效甚微。孩子理解到自己的落后是有先天性的原因，才更能明白自己需要比其他人投入更多精力到学业当中，才能避免持续性陷入自卑、挫败、厌倦的情绪状态中。

教师可以推荐家长和孩子一起观看以阅读障碍或其他学习障碍为主题的影片或阅读相关的绘本，来帮助孩子更好地理解自己学业困难的成因，同时，家长和孩子也能在这一过程中学习到一些自助的方法。

 百宝箱

学习障碍相关资源推荐

（1）影片《地球上的星星》：伊夏是成人眼中的问题儿童，他学业表现落后。一位名叫尼克的美术教师走进了他的生活，观察到他患有阅读障碍。尼克主张让学生保留自己的个性和思想，自由地发展。在和尼克相处的日子里，伊夏和尼克都慢慢地成熟了。

（2）纪录片《我不是笨小孩》：一部长时间观察阅读障碍儿童成长的纪录片。通过对三个阅读障碍儿童家庭长达三年的系统追踪跟拍，真实而深入地反映了他们的生存困境和成长变化，以及家长、教师和孩子们的不懈努力。

（3）绘本《不要害怕学习》：用鲜活的例子向孩子介绍了什么是学习障碍。故事鼓舞孩子，让他们相信，他们有能力并且能用"妙招"来克服学习困难。

（二）家校合作：有针对性的学业帮扶

患有阅读障碍等学习障碍的孩子其学业发展可能存在落后的情况，需要有针对性的学业帮扶。在影片《地球上的星星》中，患有阅读障碍的孩子伊夏，遇到了美术教师尼克，尼克观察到伊夏可能患有阅读障碍后，与伊夏的家长、寄宿学校的教师都进行了沟通，希望他们理解伊夏，不要放弃伊夏。他利用触觉感知原理让伊夏在沙子上书写，通过多感官刺激帮助伊夏更好地掌握书写的词语；他利用伊夏对美术的兴趣，用不同的颜色写容易混淆的字母；他还带伊夏到操场用跳台阶的方式练习计算。这些创新的教学方法让伊夏对学习产生了兴趣，多感官刺激也让伊夏能更好地加工和掌握学习的内容。班级集体授课的教学方式并不适合所有孩子，尤其是有学习障碍的孩子，教师若能和这些孩子的家长一起讨论适合的教学方法，帮助孩子们克服阻碍和困难，每一个孩子的潜能都将得到发挥，其学业也将得到进一步发展。

除了创新的教育方法，学习障碍孩子长期学习目标、短期学习目标的制订也尤为重要。若家长和教师能帮助孩子制订适当的学习目标，孩子将更能按照自己的节奏稳步前行，孩子在这一过程中若能获得定期的反馈与肯定，也将更容易获得成就感与勤奋感，更容易有持续学习的动力。此外，制订适当目标、定期反馈的过程中家长和教师也能增强应对学习障碍的信心。

 百宝箱

学习目标的制订

长期目标的制订需考虑到目标的清晰性、恰当性和全面性。清晰性是指学生学会做什么，做多少，做到什么程度。恰当性考查长期目标与学生现有水平的联系，即长期目标是否以现有水平为基础，是否适合学生的发展水平。全面性考查长期目标是否涉及学科的重要能力维度。

短期目标的制订需考虑到清晰性和恰当性两个方面。清晰性指短期目标是否针对短期内的学习内容，说明了学生要在什么条件下学会做什么及做到什么程度。恰当性考查短期目标是否按照一定的逻辑关系对长期目标进行分解。

（资料来源：朱媛媛、于素红，2001，有删改）

（三）帮助孩子建立人际支持系统

针对孩子学业落后带来的亲子关系问题、同伴关系问题，教师可以通过与家长谈话、鼓励孩子参与能发挥孩子优势的集体活动，来帮助孩子建立人际支持系统。在家长谈话中，教师需引导家长对学习障碍有更多的认识，指导家长通过温柔而坚定的态度与孩子进行沟通，邀请家长在学业之外多创造与孩子轻松共处的亲子时光，提醒家长避免所有的共处时光都在谈论学业问题，而使家庭持续沉浸在紧张焦虑的情绪当中。对于同伴关系，教师需意识到，孩子虽患有学习障碍，但一定有自己的优势与独特之处，因而在班级活动中，可以为这些孩子创造展示优势的机会，肯定这些孩子对班级的贡献，这将有助于改变班级同学对学习障碍孩子的刻板印象，使这些孩子获得来自周围同学的支持。

 百宝箱

亲子沟通指导：提问法促进孩子思考

1. 提供选择——激发孩子的内心力量

情境：该睡觉了，孩子还没有开始写作业。

×"就你磨蹭，谁写作业写这么晚啊！"

√"如果是我这么晚还没写完作业，我也会有很大的压力，要是作业早点写完就好了。如果想完成作业，你是打算先写数学呢，还是先挑战语文呢？是妈妈陪着你写，还是你自己写呢？"

2. 有好办法——启发孩子的独立思考

情境：该睡觉了，孩子还没有开始写作业。

✕"明天你爸就回来，我告诉你爸，他批评你你就老实了！"

✓"写作业是一件考验人的耐力和毅力的事情，你上了一天课，回来还要写作业，一定很辛苦吧！但是，不能完成作业可能会影响你明天的学习，你自己也很着急吧！你觉得有什么办法能让你在明天上学之前完成作业呢？"

第三节　厌学表现

厌学这个热门话题正困扰着无数的家长和教师。然而，孩子厌学的原因各不相同，每个厌学孩子又有着不同的特点，这让家长和教师倍感头疼。因此，本节会以两个案例为例，分析不愿意去学校的佳佳和浩浩分别发生了什么，给出家长和教师可行的应对办法。

 案例一

厌学的佳佳

佳佳是一个12岁的女生，目前就读初中7年级。近日，佳佳父母因为佳佳不愿上学，焦虑地来到学校咨询室，希望得到咨询师关于如何与孩子沟通，如何应对孩子不愿上学这一情况的建议。

佳佳一家四口人，有一个双胞胎哥哥，父母都是同一所中学的教师，平时关心兄妹俩的学习情况。佳佳哥哥从小喜欢阅读，学业表现优秀。佳佳性格活泼开朗，行为上较为好动，小学期间学业表现中等，进入初中后开始明显退步，因此她的父母将她调入自己工作的学校，花更多时间来关注她的学业，佳佳也有在努力学习，但学业表现未有明显提升。

根据佳佳父母的描述，佳佳已经持续一周不愿上学了，宁可待在家中无所事事，也不愿意去学校。此前，佳佳的英语老师有就这门科目学业表现明显退步的情况私下找她沟通，但之后佳佳便更不愿意去学校了，还对父母说"我要超过另一个教师子女"。两天后，在父母的劝说下，佳佳回到了学校。回学校后，佳佳的父母和老师都更关心佳佳的情况了，父母会请佳佳的老师、同学多鼓励她。但当佳佳听到同学们说"佳佳，你不想上学了呀？"，她情绪爆发了。这一次，无论父母怎么劝说，佳佳都不愿再回到学校。父母通过任由佳佳在家待着、劝说她上学、开家庭会议、协商不上晚自习等策略试图帮助她回到校园，但效果都不理想。佳佳在家里，情绪有些烦躁，嗜睡，父母觉得这是佳佳在畏难和逃避。

 案例解析

需要关注的表现

本案例中，佳佳在升入初中后出现了明显的厌学表现。佳佳分别在和英语老师单独沟通和听到同学的"关心"后不愿上学，从这可以看出佳佳很在意他人对自己的评价。佳佳在家中出现情绪烦躁、嗜睡的情况，这需要家长警惕孩子是否有其他与抑郁症状相关如情绪低落、吃饭没胃口或过度进食等表现，若有，则需要及时带孩子到医院心理科进行专业评估。

从人格发展角度来看，佳佳刚刚进入青春期。青春期是孩子自我意识迅速发展的时期，孩子会通过行动来探索自己是一个什么样的人。在这个时期，孩子也会对周围同伴、师长的评价较为敏感。佳佳在小学时，学业表现中等，但进入初中后明显退步不如过去，因此在学业方面无论是与过去的自己比较，还是与周围同学比较，她都会感到明显的落差感与挫败感。另外，佳佳在父母的关注下努力学习，但学业表现一直没有提升，这很可能会让她感到习得性无助，即"无论我怎么努力，我都没有进步"。这时候，佳佳对自我的认识可能是偏向消极和无能的，这样的自我认知会直接影响她厌学的行为反应。

 小贴士

什么是厌学？

厌学是指学生因对学校学习生活失去兴趣而产生的心理状态及行为反应，具体表现为：认知上出现学习倦怠、不想上学的想法，情绪上出现对上学的害怕、焦虑，行为上出现缺勤、逃学、拒绝上学等回避、对抗性的反应。综合国内各项研究的调查结果发现，我国小学生厌学率介于 14.88%～28.60%，城区中学生厌学率介于 21.43%～53.49%，农村中学生厌学率介于 10.99%～54.60%。由此可以看出，学生的厌学现象较为普遍。

（资料来源：骆宏等，2021，有删改；申自力等，2012，有删改）

什么是习得性无助？

习得性无助是美国心理学家塞利格曼(Seligman)在 20 世纪 60 年代经过动物实验提出的概念，最初是指动物在先前的经历中，习得了"自己的行为无法改变结果"的感觉，因此当它们置身于可改变结果的新环境中时，也会放弃尝试；现在是指一个人在经历了失败和挫折后，面对问题时产生的无能为力的心理状态和行为。

（资料来源：彼得森等，2010，有删改）

从家庭环境角度来看，佳佳的哥哥从小学业表现优秀，佳佳相对一般，在这样的环境下成长，佳佳可能时常会把自己和同岁的哥哥进行比较，从而产生一定的自卑心理。进入初中后，由于学业表现落后，佳佳可能会反复体验自己在学业上不如周围人的感受。英语老师因学业表现单独和她交流，同学询问她频繁请假不上学的情况，都会让她感受到更多外在的关注，可能就会使她产生羞耻、自卑的感受。为了避免自己再度体会这些感受，佳佳会选择不去上学来保护自己不受到被其他人评价的威胁。

从校园人际环境角度来看，佳佳就读的初中是其父母工作所在的学校。因此，佳佳在这所学校学习一定会受到许多教师的关注，父母可能也会询问同事自己孩子在班级中的表现，而这会让她在学校持续感到压抑，因为她知道自己在学校做什么都可能会被教师看到，被父母知道。在本案例中，佳佳告诉自己的父母，自己会超过另一个教师子女，这其实是在表达"我很在意他人对我的评价，我很想获得肯定，我想比其他人做得更好"，背后可能蕴含着如"我不能给我父母丢脸，父母的同事都会看到我的表现"之类的想法，这类想法让学习本身变得不再简单，而被赋予其他的含义如家长的面子等，从而导致学习这件事本身会给孩子带来更多压力。本案例中，佳佳不愿上学的行为分别出现在和英语老师单独交流之后，以及被同学"关心"之后。从这两个时间点可以推测，佳佳不愿上学的直接触发点可能与她在意周围人对自己的评价有一定联系。

从行为功能角度来看，厌学对于孩子来说是有一定的功能和好处的。例如，孩子不去到学校，就不用体验学习过程中的挫败感，家长这时候会想尽一切办法说服孩子上学，孩子在这个过程中会体验到一种被关心的感受，或者是一种有力量的感受。

一、常见干预误区

在遇到孩子厌学，尤其是不愿意上学的情况时，家长容易陷入两个极端。一个极端是把孩子当做"小皇帝"，不断地通过各种方式求孩子上学。曾有来访者不去上学，孩子父亲采取极端的行为求孩子上学的情况。家长可能会因为自身对孩子不上学的焦虑而采取一切可以想到的方法，但这样的应对方式并不健康，因为这是在表达孩子不去上学是家长的错。当家长这样应对的时候，家长就被孩子不愿上学的行为控制了，这时家长和孩子双方都无法把注意力放在如何理解孩子不愿上学的心理上，而放在了双方在情绪情感的较量上。

另一个极端则是家长使用"暴力"手段让孩子上学。例如，生拉硬拽把孩子拉到学校，"塞"进教室里，或是要求孩子写保证书，威胁孩子不去上学就从家里出去。威胁可能会使孩子回到课堂，但孩子内心的矛盾和困扰并未得到解决，这样做并没有真正帮助到孩子。

教师在面对学生不愿意到校上学的情况时，可能也会出现以上两种情况。例如，通过给孩子提供各种"特权"吸引孩子回到学校，或者用严厉的方式让孩子回到学校。这些应对方式更多是对表面的厌学行为进行干预，而非在厌学行为背后的心理层面进行干预。

二、推荐干预方向

对于佳佳这类有厌学表现的孩子，家长和教师可以从以下几个方向入手进行干预。

（一）帮助孩子理解自己，倾听孩子如何描述厌学这件事

在佳佳的案例中，佳佳父母在佳佳不愿上学后做了不少尝试，包括劝说佳佳回到学校，邀请学校老师、同学鼓励她，开家庭会议等。但在这之前，佳佳父母并没有坐下来和孩子好好聊一聊，问问她为什么不愿意上学，和英语老师聊了什么，她有什么感受，当同学们说"佳佳，你不想上学了呀"时，是什么让佳佳情绪爆发。其实，倾听孩子的想法与感受，是理解孩子厌学表现的第一步。在家长和教师倾听孩子讲述的过程中，一方面家长和教师可以了解孩子内心的想法、感受，另一方面孩子也会更加理解自己为什么会有不想上学的想法和行为。

孩子愿意表达内心想法的前提是家长和教师提供了一个可以让孩子安全表达的空间。因此，家长和教师在与孩子聊天的时候，要注意不急着从成人的角度评判和否定孩子的想法，而是站在孩子的角度，看到孩子当前面临的困境。当孩子不愿意说时，家长和教师也要有足够的耐心，不能强迫孩子表达自己。

孩子厌学让家长和教师很着急，但对于孩子来说，厌学是他们面对困境的一种应对方式。家长和教师如果能耐心地倾听，就能听到厌学表现背后，孩子遇到了什么样的困难，孩子内心的需要是什么，孩子为什么通过这样的方式应对。

（二）家校合作，肯定孩子努力的过程，培养孩子的"成长型思维"

佳佳目前在学业上感到较大的挫折感，也会有自卑、觉得自己无能的感受，因而在人际交往中会对学业评价相关的事情非常敏感。因此，家长和教师可以尝试陪伴她，通过"走一步，再走一步"帮助她分解学习任务，设定可实现的学

习目标，给予她定期反馈，来帮助她逐步恢复学业方面的成就感。例如，家长和教师可以肯定佳佳在初中阶段努力的过程，通过肯定过程帮助佳佳看到她自己的内在品质，帮助佳佳意识到虽然学业表现没有明显进步，但她已经在进步的路上了。正如本章开篇提到的，肯定孩子努力的过程有助于提高孩子的心理韧性，培养成长型思维，让孩子相信自己的学习能力是可以通过努力提高的。

 小贴士

成长型思维与固定型思维

成长型思维，指的是个人认为智力和能力不是一成不变的，而是可以通过努力去获得和提高的，同时生活和学习中遇到的挑战和困难是磨炼意志的有效方式。

固定型思维，指的是个人认为智力和能力是不会改变的，是与生俱来的，生活中的挑战和困难是用来检验个人能力的。

（资料来源：德韦克，2011，有删改）

许多厌学、拒学的孩子在学习中会反复体验无助、失望等负性情绪。当孩子产生"反正我努力了也没用，我不如不学"的想法时，他们便不再有动力继续尝试了。这个时候，家长和教师若能与孩子一起发现学习中的困难，一同分析付出努力而没有收获进步的原因，并肯定孩子在这一过程中的努力，孩子会经由家长和教师获得自我支持的力量。家长和教师在这一过程中扮演着重要角色，孩子会通过家长和教师对自己的看待重新认识自我。如果家长和教师带着"孩子，我相信你，你只是暂时遇到了困难，我们一起面对就会克服困难"之类的信念，孩子也会内化这样的信念，用成长型思维面对眼前的学业挫折。同时，在情绪情感层面，孩子也会体会到来自家长和教师的爱和关心。

（三）保护自主性，留给孩子属于自己的发展空间

由于父母的职业都是教师且佳佳又就读于父母就职的学校，因而无论在家还是在学校，佳佳都会感到自己在被父母持续关注着而感到较大的压力。因此，父母最好直接与佳佳沟通了解她在学校的表现，而不是通过自己的同事——佳佳的老师，来获得关于佳佳在班级中表现的信息。这一方面可以促进家长与孩子的沟通，一方面也能让孩子感受到父母对自己的信任，而不是时刻被监控着。

孩子在成长过程中会愈发有独立自主的需要，想要自己做决定，想要有属于自己的独立空间。孩子只有体验到自己的自主性，才会有自发的动力去主动学习，才能体会到作为独立的个体自己是拥有力量的。许多厌学的孩子并非真的讨厌学习，而是对学习环境感到厌倦，如家长和教师对孩子学习过程的过度关注、对学习结果的过度强调。保护厌学孩子的自主性，意味着家长和教师要能信任孩子，给孩子一定的空间，从而让孩子更好地成长。

（四）关注人际环境，给予温暖的支持

如上文所述，佳佳很在意教师、同伴对自己的评价。很多时候孩子之所以有厌学表现，并不仅仅是学业方面遇到了困难，还与孩子所处的关系有着紧密联系，这里的关系包括孩子与同伴、教师、父母的关系。孩子在学校感受到同伴之间的学业比较，因自己学业表现落后而产生自卑、羞耻的感受；在同伴关系中感到被孤立、排斥；在与教师的关系中，觉得教师不喜欢自己、总是批评自己；觉得自己会让父母失望、丢面子、处于被父母批评的恐惧中，等等。这些人际环境因素都在影响孩子学习的动力。

了解孩子的人际环境，体会到孩子在人际关系上的敏感，家长和教师要给予孩子温暖的支持，包括主动表达"即使学业表现不理想，我也很喜欢你"。除了学业表现，孩子在其他方面也有自己擅长的能力，学业表现并不能反映其全部的能力，因此家长和教师要避免"学业表现好就有面子"的说法，把学习过程与人际评价区别开来，把学业表现作为对学习过程的反馈，而非对孩子自身的评价。

 案例二

交白卷的浩浩

浩浩就读于某公立学校初中 8 年级，他是班级中那个不爱说话的、安静的男生，总是一个人发呆。对于每天上学他感到越来越不开心，他跟自己相差两岁的表姐说："学校就像一个高压锅，很可怕。"浩浩 7 年级时学习状态还好，但到 8 年级就感到学习困难了，学业表现开始退步，面对这些他出现了不想上学的念头。

课堂上，浩浩努力听讲但总会分心，时不时地观望窗外，常常被老师提醒"要认真听讲"。浩浩能坚持每天上学，但是在语文、数学、英语学科的测试中，他会拒绝写字，交白卷。浩浩说："我一到考试就感觉自己什么都不会了，很着急却写不出来，最后一个字都不想写了，索性就趴着度过考试时间。"浩浩老师因为这件事很着急，但不知道该如何劝说浩浩。

浩浩从小就喜欢乐高拼插玩具，擅长手工艺品的制作，曾在小学的头脑风暴大赛获得不错的成绩。初中之后，由于学业变得紧张，浩浩没有时间做自己感兴趣的事情了。

浩浩的母亲对他管教很严格，无论是学习还是生活，浩浩母亲都会对浩浩的行为提出很多要求和规定。母亲告诉浩浩，上初中后要少做或不做与学习无关的事情，要全力为中考做准备。浩浩父亲也是这样认为的，他平时忙于工作，对浩浩的陪伴很少，但是偶尔的管教比较严厉。小学时，浩浩父亲因为浩浩考试学业表现退步严厉批评过浩浩几次。浩浩在面对父母时，总会很害怕，会尽量服从他们提出的要求。此外，浩浩父母常常要求浩浩"好好学习，其他一切不用操心"。

 案例解析

需要关注的表现

浩浩在学校环境中已经出现上课分心、考试交白卷的行为，这些行为透露出浩浩对学习的"抗议"。"我一到考试就感觉自己什么都不会了，很着急却写不出来"说明浩浩对考试有较强的焦虑感。浩浩明确告诉表姐"学校像个高压锅"，这意味着浩浩在学校里体会到了强烈的压力感。

从认知、情绪角度来看，浩浩在考试时会产生"我什么都不会"的想法，体会到焦虑、着急的情绪。"很着急却写不出来"说明浩浩的焦虑情绪已经严重影响了浩浩的认知与行为功能。那么，浩浩是如何形成"我什么都不会"的认知的？是看到一道题目不会做，就自动地产生了这样的想法吗？还是由于学业上的困难，他确实没能掌握考试考到的所有知识点？对浩浩内心自动化想法的澄清，可以帮助家长和教师厘清浩浩当前面对的是具体的学业困难，还是内心的恐惧带来的阻碍。浩浩升入 8 年级以来，学业上遇到挫折，这可能会影响浩浩对自己学业能力的评价，从而导致沮丧、失落、焦虑、有压力等一系列心理反应。

从家庭环境角度来看，浩浩父母对浩浩管教严格，在学业方面对他有较高的要求与控制。在这样的教育方式下，浩浩自身的许多内心感受是被忽略的，浩浩在生活中可能会感受到压抑，有情绪、困难也不敢向父母寻求支持。浩浩父亲曾因为学业表现落后严厉地批评过浩浩，这可能会给浩浩带来一定的心理创伤，让浩浩体会到"如果我学业表现不好，我就是不受欢迎的、不被爱的"。浩浩可能会把学习、学业表现与糟糕的被批评的经验联系起来，对学习产生更多的抵触情绪和恐惧感。同时，最重要的，浩浩与父亲之间的亲子关系也被影响了，因为被严厉地批评后，孩子很容易在亲子关系中体会到不安、焦虑的感受。浩浩会把自己内心的难处向大自己两岁的表姐表达，这说明浩浩与表姐之间的关系是更信任、安全的。

从学校人际环境角度来看，浩浩在学校不爱说话，经常一个人发呆。可以想象，浩浩在人际交往上是比较退缩的，这可能会给浩浩带来孤独的、与环境隔离的感受。当浩浩在学校中难以体会到与同伴相处的乐趣，难以获得同伴支持时，学校就成了一个没有吸引力的地方。与同伴相处是重要的社会化过程，许多孩子是在与同伴相处的愉快体验中爱上校园生活的。浩浩既无法在学业上获得成就感，又无法在同伴相处中获得快乐，浩浩为什么会产生"不想上学"的念头就变得可以理解了。

从行为功能角度来看，浩浩一个字都没写，趴着度过考试时间的行为具有一定的自我保护功能。在学业问题上，有的孩子会害怕面对"我努力了，可我还是学不好、考不好"的结果。于是，干脆不写就成了一种更"趋利避害"的方式，孩子不需要体验挫折感和无能感了，反而能体会到一种自己可以做出选择、自己对于是否参与考试有所掌控的感受。交白卷让孩子成功地回避了考试失败是

"我不行"导致的消极体验。

一、常见干预误区

面对浩浩的这些"问题"行为，教师可能会急于从行为表面入手进行干预如严厉教育，但这常常无法抵达孩子行为问题背后的真正原因，而错过理解孩子的机会。同样，家长若一味批评孩子，也会让孩子对学习产生更多抵触情绪，并不能达到很好的干预效果。

二、推荐干预方向

对于浩浩这类有厌学表现的孩子，家长和教师可以考虑从以下几个方向入手进行干预。

（一）倾听孩子的声音，给孩子表达内心感受的空间

在本案例中，浩浩很多时候没有机会表达自己的内心感受。例如，在学业上遇到困难时，他不敢和家长和教师讨论，这些困难就只能通过上课分心、交白卷等"问题"行为呈现出来。家长和教师在这样的情况下，要找个时间和浩浩聊一聊，了解浩浩现在遇到了什么样的困难，是什么让他考试不想写字、交白卷。在了解浩浩的过程中，家长和教师一定不能急于用成人的思维否定或批判浩浩的想法，否则，孩子可能会产生"我说什么都没用，反正你们觉得是我不对"之类的想法而拒绝沟通。当一个孩子内心的感受得到了周围人的重视，这个孩子就会慢慢地发展出人际交往中的安全感以及对自己的肯定，在人际交往中也会更勇敢地表达自己的想法，更勇敢地建立人际关系。

 工具箱

帮助孩子面对他们感受的 4 个技巧

（1）全神贯注地倾听；

（2）用"哦……""嗯……""这样啊……"来回应他们的感受；

（3）说出他们的感受，如"学业表现的退步让你很失落，也很焦虑"；

（4）用幻想的方式实现他们的愿望，如"真希望我能立刻帮你提高学业表现"。

（资料来源：法伯、玛兹丽施，2013，有删改）

（二）了解孩子在学业中遇到的困难，给予学业帮扶

在本案例中，家长和教师可以帮助浩浩对目前的学习状况进行适当评估，明晰浩浩学习中具体遇到了哪些困难，通过实际的学业帮扶来帮助浩浩恢复在学业能力方面的自我评价，增强其学业自信，当浩浩能够重新体会到学习过程中的成就感时，其对学习的兴趣与动力就会得到提升了。

 工具箱

学习记录表

学习记录表（见表 1-2）是记录学习过程的工具，可以定期反馈学生的学习内容和学习心得，可以帮助学生看到自己具体做了哪些努力，可以锻炼学生总结和提炼所学内容的能力。

表1-2　学习记录表

姓名：

我的提升目标：

我的提升进度条：

学习时间	学习用时	学习内容	我的收获

（三）帮助孩子发展个人兴趣、优势，融入班级人际环境

孩子有自己的兴趣爱好、特长，这是非常珍贵的。一方面孩子可以在自己的爱好特长中感受到专注投入的乐趣，另一方面孩子可以感受到自己擅长某事的成就感、自信。浩浩喜欢拼插玩具，擅长手工艺品的制作，这是浩浩自身的资源、优势。家长和教师要看到孩子身上的资源与优势，并鼓励孩子发展自己的兴趣爱好，利用自身的资源与优势结识新朋友。在本案例中，可以鼓励浩浩通过玩乐高或制作手工艺品，来建立学校中的人际关系。如果家长和教师一味强调学业的重要性，而限制孩子在兴趣特长方面的探索，实际上会限制孩子发展的可能性。

第四节　学业拖延

拖延是一个很常见的词，拖延表现出现的频率也很频繁。接下来的案例就描述了一个在拖延中挣扎的丽丽。本节会从理解丽丽的角度出发，分析其拖延行为背后的原因，提出家长和教师可行的应对策略来更好地帮助丽丽应对拖延。

 案例

拖延中挣扎的丽丽

丽丽是一名高中 2 年级女生。从小学到初中，丽丽的学业表现一直比较优秀。进入高中后，丽丽在班级里的学业表现不再理想，丽丽内心很失落，每一次考试都希望能回到以前的辉煌状态，但每次的结果都令她很不满意。

在学校的心理咨询室里，丽丽表现出自责、沮丧的情绪。丽丽表示每天早晨都会期待自己新的一天有所改变，能把之前未能理解的知识点都梳理清楚，但每天晚上，回顾一天的生活时，都会觉得自己什么都没有做，会陷入焦虑、自责的情绪中，然后自己就开始拖延，越想做事情，越是动弹不得，往往挣扎很久，消耗了很多时间与精力，最后还是没能做成。

丽丽在学校里和同学关系一般，她把大部分的时间和精力都花在了学业上，很少和同学一起聊天、娱乐。因此，同学们也觉得丽丽不是那么可以亲近，觉得她只关心学习这一件事情。学业表现不如过去，丽丽更觉得自己很差劲，在人际交往上更为退缩。

丽丽是家中的独生女，从小父母关系不佳，经常吵架。丽丽回忆小时候，觉得母亲很少肯定自己，学业表现好的时候，母亲没有明显回应，退步时，母亲会很关注。丽丽母亲还经常把丽丽和另一个女孩作比较，表扬那个孩子的学习能力。后来，那个女孩去到外地读书，丽丽会在心里默默希望那个女孩不要回来。

 案例解析

需要关注的表现

丽丽在学业上表现出明显的拖延行为，且内心因此产生很大的心理冲突，一方面期待自己可以改变拖延行为，另一方面在行动上难以跟上内心期待，最后陷入焦虑、自责的情绪中。此外，丽丽因学业表现退步，而在人际关系中表现出退缩的倾向，这可能会影响她的人际支持系统，并强化她认为自己是不够好的、不够受欢迎的想法。

从家庭环境角度来看，丽丽从小父母关系不佳，经常吵架，这意味着丽丽从小的生活环境是充满冲突的、动荡的、缺乏安全感的。通常，在父母婚姻冲突较大的家庭里，家长因为要花很多时间和精力面对婚姻关系中的问题，会很容易忽略孩子的感受。丽丽母亲对于丽丽的学业有较高期待，只会在丽丽退步时有明显回应，还会把丽丽和其他女孩进行比较。在这样的养育中成长，丽丽可能会慢慢形成"母亲很在意我的学业表现，我只有学业表现足够好，得到非常好的结果，才能获得爱和肯定"的想法。丽丽的内心容易发展出严苛的部分，对自己有很高的要求，若是没有达到自己的期待，就会自我批评，对自己感到不满意。

从情绪和认知角度来看，丽丽在拖延过程中有各种强烈的情绪体验，包括焦虑、自我怀疑。这与丽丽的学业经历、从小到大的成长环境有较大关联。丽丽从小学到初中，学业表现优秀，高中阶段不再遥遥领先，这会让丽丽心里感到很大的落差。这时，丽丽可能产生"我以前一直是很好的，为什么现在就不行了""如果我学业表现不好，我就没有价值"之类的想法。在这样的情况下，丽丽每一次面对学习任务时，可能都会有较为强烈的情绪体验，而强烈的情绪体验往往会阻碍丽丽的学业行动。焦虑——拖延——更焦虑的循环也会在这个过程中慢慢形成。另外，丽丽对自己始终有不合理的要求和期待，这一点可以从案例中每天早晨都期待自己可以弥补之前未理解的内容看出，而这也使得学业任务带给丽丽的压力会更加强烈。

从学校人际环境角度来看，丽丽成长过程中很大一部分自我认可的感受来自学业，因此她把大部分时间和精力都花在学习上，希望通过优秀的学业表现获得周围人的肯定，从而感受自己是好的、受欢迎的。当她在学业中遇到挫折，她对自己的评价也会随之下降，在人际关系中她更加退缩，更难感受到同伴的支持，会更加感到孤独、无助。

从行为功能角度来看（见图 1-1），拖延行为有助于丽丽在短时间内回避负性的情绪体验。只要拖延，她短时间内就无须面对焦虑、自我怀疑的情绪体验。这种回避在短时间内可以缓解丽丽的焦虑，但从长远来看会强化高期待、自我怀疑、自我责备的想法，从而加重丽丽的焦虑情绪，进一步强化拖延行为。

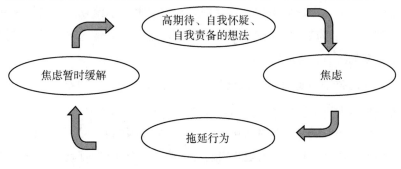

图 1-1　拖延行为的功能循环模式

一、常见干预误区

面对丽丽的拖延行为，家长可能会以孩子不够认真、不够努力为由批评孩子，觉得拖延是孩子不够努力造成的结果，是孩子的错误，从而引导孩子认真、努力学习。这种期待本身没有错，但在本案例中，丽丽是一个对学业有较高自我要求的孩子，她对自己已经有很多批评、指责了，如果家长再用这样的方式对待她，她只会在认知上有更低的自我评价，更觉得没有人理解自己，更感到无助。

相反地，家长和教师如果流露出觉得孩子水平也就如此，不再对孩子抱有关注和期待，可能会让孩子感受到周围人对自己的失望，从而产生失落、沮丧的情绪，在学业发展上感受不到支持与动力。

二、推荐干预方向

对于丽丽这类有学业拖延的孩子，家长和教师可以从以下几个方向入手进行干预。

（一）共情学业受挫时的失落、焦虑情绪，帮助孩子关注学习过程而非结果

从初中到高中，很大一部分孩子要面对学业不如从前的情况，会产生对自己的怀疑、否定，会感到失落、焦虑。但这并不意味着孩子的学习能力下降了，实际是周围同学的能力都提升了，环境中的竞争压力增大了。这时候家长和教师可以共情孩子在学业上的失落情绪，同时向孩子传达环境变化的过程中出现这样的情况是正常的之类的信息，引导孩子把注意力从对学业结果的关心转移到对学习知识内容本身的关心与好奇上。

案例中的丽丽在成长过程中内化了母亲对自己的严苛态度，对自己有较高的期待和要求。这时候，家长和教师可以带着温暖的态度，帮助丽丽理解和关怀自己，意识到高中环境中的竞争会变大，学业表现不比以前突出是正常的。当家长和教师能够理解她失落、焦虑的心情，丽丽就会感觉自己得到了支持，从而把更多的注意力放在学习过程上。

（二）帮助孩子理解自己的拖延行为，缓解孩子的自责情绪

家长和教师可以引导孩子去理解自己的拖延行为是如何发生和维持的，引导孩子去感受面对学习任务时的焦虑感、紧张感以及自我怀疑，帮助孩子去理解这些强烈的情绪体验是如何阻止自己行动的。当孩子能对自己的拖延行为有一定的理解，孩子就会从自责的情绪中解放出来，把注意力放在如何应对当前

的困境上。在这个过程中，家长和教师还可以适当肯定孩子追求上进，对自己有要求、有期待的心理品质。

本案例中，家长和教师观察到丽丽有拖延行为时，应不急于纠正丽丽的拖延行为，而是先试图理解是什么让一直颇为上进、学业表现优秀的丽丽产生了这样的行为。家长和教师如果能用心倾听孩子的真实想法，便能体会到丽丽内心一方面很期待自己在学业上有所进步，一方面又因高期待及学业表现带来的焦虑感而无法行动的冲突。当家长和教师能够体会孩子内心的冲突，能够理解孩子的拖延行为时，在互动中便可以帮助孩子去理解她自己的情绪和行为，而非让孩子一直处于内心的冲突中。除此之外，家长和教师也可以帮助丽丽意识到，她目前遇到了学业上的挫折，也许很难迅速达到她理想的状态，取得理想的结果，但她已经在付出努力面对当前的挫折了。

（三）通过拆分任务，帮助孩子体会"走一步，再走一步"的成就感

对于有拖延行为的孩子来说，帮助孩子体会到完成某一项具体任务的成就感尤为重要。在开始阶段，这个任务必须是具体的、可执行的。本案例中，丽丽对自己每天的期待是"把之前未能理解的知识点都梳理清楚"，这个任务是很宽泛的，也是有很高难度的，因此也很难及时落实到行动当中。家长和教师可以引导孩子拆分学习任务，直至任务具体、可执行。例如，周一到周五每天完成一篇英语阅读理解。这样的学习目标就更符合目标制订的 SMART 原则。孩子也更容易在执行过程中获得具体的反馈，从而获得继续行动的动力。

 小贴士

目标制订的 SMART 原则

S——Specific，具体的；

M——Measurable，可衡量的；

A——Attainable，可达到的；

R——Relevant，相关的；

T——Time-bound，有时限的。

（资料来源：德鲁克，2006）

（四）帮助孩子建立人际支持系统

家长和教师可以适当鼓励丽丽参与同伴互动，如课间休息时可以和同学聊天、周末和同学外出游玩等。同伴支持有助于缓解学业压力，在遇到困难时，周围有朋友的陪伴可以帮助自己度过一些困难的时刻。教师可以在班级中创造机会，促进学生之间的互动，家长可以在周末、假期，给孩子空间，让孩子参与集体活动。教师要注重引导家长在鼓励孩子参与人际互动时避免指责的语气。例如："你天天一个人这样不行的，要多和同学们一起玩。"这样的指责语气只会让孩子感受到批评、指责，觉得自己不够好，由此会产生一些失落和抵触的情绪。可以尝试赋能而非贬低的表达，如"我看到小红对烘焙很感兴趣，你要不要问问她是从哪里学的呀？"

第五节　考前焦虑

临近考试，孩子们或多或少都会出现焦虑情绪。下面案例中的小米就是其中一位。本节将要通过呈现和分析小米为什么会考前焦虑，来给家长和教师提供帮助她的应对策略。

 案例

唯恐考差的小米

小米，女，17 岁，就读某高中 3 年级。父亲是工人，母亲是农民，父母平时工作繁忙，小米从小在学业方面就很自觉，在生活方面很独立。在老师和父母眼里，小米是一个非常懂事乖巧的女孩。

小米从初中学校保送到高中，一入学，学业表现优异。小米高一高二时对自己的学业颇有自信，但在高三的一次月考中，小米发挥失常，学业表现明显退步。当时，小米内心非常焦虑，担心自己再度出现这样的情况。从那次考试之后，小米在平时的学习过程中也常常感到紧张，总是担心自己注意力不够集中，担心自己学习效率不够高，在一直担心的状态下，学习学不进去，学业表现就落后了。一次月考让小米进入了紧张的高压状态，小米的学业表现也开始不断走下坡路。每每回到寝室，看到寝室同学在书桌前，每个人看起来都很认真、用心，小米就更加心慌，总觉得自己要被周围的同学超越了。

小米父母看到小米的状态有些担心。他们安慰小米，其实如果能考到二段分数线就不错了。但小米听了这样的话感到很气愤，觉得父母看不起自己的学习能力，于是暗自下决心，一定要证明给父母看，一定不能让他们失望。于是，小米更加认真努力地学习，不太和其他同学交往、玩耍，只要一有空，就停下来写练习题。每天早晨，小米五点多就起来学习，下课后，当其他同学去吃饭，小米就待在教室里，等食堂人少了再去吃饭。晚上寝室熄灯后，小米会在被窝里开手电筒继续学习。小米的投入并没有带来期待的效果，学业表现依旧保持在原来的状态，她对未来感到非常担忧。

 案例解析

需要关注的表现

本案例中，小米存在明显的考前焦虑情绪，具体为反复担心考试失利、学习时一直感到很紧张、注意力难以集中。除此之外，考前焦虑的表现还包括出汗、心跳加速、头痛、胸闷、失眠、记忆力减退等。要面临中考和高考，孩子在初中 9 年级和高中 3 年级容易出现较为明显的考前焦虑症状。适当的考前焦虑有利于激发孩子的潜能与动力，但当考前焦虑影响孩子正常的学习与生活时，家长和教师就需要对孩子的内心状态有所察觉了，提供支持帮助孩子缓解过大的考前压力。

从家庭环境角度来看，小米的父母平日工作忙碌，这一方面促使小米发展出了在学业上自觉、在生活中懂事的习惯，另一方面也会导致一些心理影响，如父母把较多时间花在工作上，疏于对小米的陪伴，小米可能感到较为孤独、缺少支持。从小米与父母的互动中可以看出，当父母说"如果能考到二段分数线就不错了"时，小米感到愤怒却无法表达自己内心的感受，而是暗自下定决心证明自己的能力，从她的反应可以看出她渴望得到父母的认同、希望自己在父母心中是有能力的。

从情绪和认知角度来看，小米在一次月考失利后开始产生"我下次考试会不会再出现这样的情况"之类的想法，由此带来了紧张、焦虑的情绪，当出现紧张、焦虑情绪时小米又会产生"我的注意力是不是不够集中""我的学习效率是不是不够高"之类自我怀疑的想法。在这样一系列的想法中，小米紧张、焦虑的情绪被维持与增强了。一次考试失利让小米开始反复为自己的学业感到担心。小米在整个过程中并没有掌握适当调节自己情绪的方法，而是被焦虑的感觉掌控。

从学校人际环境角度来看，小米将大部分校园生活的时间投入在学业中，因此很少花时间与周围的同学相处。当小米处于高度紧张、焦虑的状态时，周围同学仿佛都是小米的竞争对手。小米会将自己的状态与周围同学的状态进行比较，担心自己被超越。在这样的人际环境中，小米似乎难以获得一种稳定、温暖的人际支持，小米与周围同伴的关系是疏远、紧张的。

从应对方式角度来看，小米通过不断采取行动来应对学业上的挫败，如案例中提到的，小米一有空就学习，晚上熄灯后还在被窝里学习。从压力应对的角度看，小米通过不停地"战斗"来应对压力，而这样的应对方式带来的效果并不理想，小米的学业表现并没有提升，反而使她身心俱疲。这是因为小米采用了非适应性的应对方式来处理考试失利，这种"战斗"状态很难持久维持，尤其是在高压的学习状态下，身体和心理更是需要得到休息。

一、常见干预误区

家长和教师看到孩子对考试感到焦虑，可能会对孩子说"没关系，不要给自己太大压力"。这样的说法虽是出于安抚孩子的好意，但却是无效的。因为孩子的压力并不像水龙头流出的水，拧上就不再流出了。实际上，压力很多时候是无意识地、不可控地冒出来的。家长和教师如果能看见和认同孩子确实处在高压下并能提供相应支持，如理解孩子的焦虑、压力感受，帮助孩子练习放松、自我照顾的方法等，孩子的情绪更能得到安抚。

家长和教师看到孩子考前焦虑的状态，可能自身也会陷入焦虑不安的情绪中，并不断向孩子传递这种情绪，如向孩子表达"这可怎么办呢""怎么考试一临近就出现这样的情况呢?"如果家长和教师能在孩子焦虑时保持自身情绪的稳定，那么孩子更容易感到被支持。

二、推荐干预方向

对于小米这类考前焦虑的孩子，家长和教师可以从以下几个方向入手进行干预。

（一）接纳考试结果是不可控的，肯定孩子在过程中付出的努力

有考前焦虑的孩子，往往有两大特点：一是对考试结果倍感担心，二是对自己的能力及备考过程充满怀疑。针对这两大特点，家长和教师可以在过程中对孩子进行适当的引导，向孩子传达这样的信息：考试结果和许多因素有关，除了能力，还有运气等，考试结果是不可控的，但努力备考的过程是可控的。通过这样的引导，孩子能够把注意力从对考试结果的关注转移到对备考过程的关注上。此外，家长和教师可以对孩子努力的具体过程进行肯定，帮助孩子看到一边要应对焦虑情绪一边要备考，他/她已经很不容易了。

本案例中，小米内心是渴望得到认可、很在意学业评价的。小米的家长和教师可以结合日常生活、工作中的观察，肯定小米在学习、做事过程中付出的努力。对这一可控的努力过程的正向反馈，将会带给小米内心对自己的认可，缓解小米紧张焦虑的情绪。

（二）帮助孩子学会自我照顾，学会放松与休息

本案例中，小米不断"战斗"的应对方式并没能帮助她缓解焦虑或提升学业表现，家长和教师可以鼓励她每天预留特定的时段专门用来放松、休息。例如，在高压的学习之后到操场上跑步，或是在吃饭时投入地和同伴聊天，或是在晚上睡觉前听一段轻音乐。当孩子拥有自我照顾的方法，压力就变得可调节了，孩子内心的弦就不再一直紧绷着，而是更有弹性了。

🔧 **工具箱**

自我照顾锦囊

我可以通过做下面这些事情帮助自己放松下来：

(1)＿＿＿＿＿＿＿＿＿＿＿＿＿＿＿＿＿＿＿＿＿＿

(2)＿＿＿＿＿＿＿＿＿＿＿＿＿＿＿＿＿＿＿＿＿＿

(3)＿＿＿＿＿＿＿＿＿＿＿＿＿＿＿＿＿＿＿＿＿＿

(4)＿＿＿＿＿＿＿＿＿＿＿＿＿＿＿＿＿＿＿＿＿＿

(5)＿＿＿＿＿＿＿＿＿＿＿＿＿＿＿＿＿＿＿＿＿＿

(三)帮助孩子表达情绪

考前焦虑是个体要应对重要的考试这一现实因素产生的，考前焦虑的存在是很正常且合理的，适度的考前焦虑可以作为一种学习动力促使孩子认真备考。当考前焦虑超出孩子可承受的范围，影响孩子正常的学习、生活时，家长和教师就可以做些事情帮助孩子缓解焦虑情绪，主要是接纳孩子的焦虑情绪，引导孩子恰当地表达情绪，如孩子在考前感受到焦虑时，让孩子把对考试的焦虑写下来，这有助于缓解孩子的焦虑，同时，家长和教师的陪伴也能让孩子感受到被支持、被理解。

本案例中，小米紧张、焦虑的情绪状态已经影响她的学习过程并让她形成"焦虑——学不进去——更加焦虑"的恶性循环了。这时，家长和教师首先要觉察自身情绪，调节自身情绪至较为稳定的状态，然后引导小米适当表达自己的焦虑情绪。例如，家长和教师可以练习不评判、不否认小米感受到的焦虑，鼓励小米通过记录"我的情绪时刻"或是向家长和教师、咨询师袒露内心的感受，来让其内心的焦虑有一个出口。

🔧 **工具箱**

我的情绪时刻

在我＿＿＿＿＿＿＿时，我感到＿＿＿＿＿＿＿，我的头脑里在想＿＿＿＿＿＿＿。

（四）讨论最好与最坏的考试结果

焦虑很多时候是对不确定性的反应，如案例中的小米在反复担心下一次考试会不会像月考一样考差。这时候，家长和教师可以尝试与孩子讨论，按照她目前的学习情况，觉得自己最好可能考到什么水平，最差可能考到什么水平。这样的讨论可以帮助孩子在不确定性的焦虑中找到一些稳定的参照点。孩子对自己能考到什么水平，最好的预期可以起到激励作用，最坏的预期可以帮助孩子做好心理准备，如"如果真的考到这个最坏的水平，我可以接受吗？"当孩子对自己目前的学业情况有更全面、清楚的认知时，孩子内心也会感觉到更稳定。这时候，用于焦虑的精力也会慢慢转移到思考当前要如何努力上了。

（五）鼓励同伴互助

案例中的小米与周围的同伴少有联系，且在一些时候，小米在认知中会自动化地把与周围同学的关系加工为竞争关系，这可能会让她与同伴们的关系越来越疏远。家长和教师可以鼓励小米参与集体活动，或是在学业上遇到困难时求助周围的同学，又或是与周围同学组成学习小组，一起攻克某个学习上的难关。与同伴的互动，可以帮助小米走出独自沉溺在焦虑中的情况，帮助小米把注意力投注在外部，而非对自己的怀疑与焦虑中。此外，与同伴的互动也可以帮助小米获得情感上的支持，从而使其获得面对挫折的力量。

第二章
人际关系议题

人际关系是指人们在互动交往中发展起来的人与人之间心理上的关系，主要表现为心理上的距离远近、对他人的心理倾向及相应行为等。由人际关系引发的主观感受叫社会联结，人们经由社会联结对世界进行观察和互动（Lee & Robbins，1995）。我们通常会发现，孩子在很小的时候就开始出现与外界最初的社会联结。例如，婴儿在吃奶时会因妈妈的逗趣而咯咯笑，2～3岁的孩子会在与同伴的互动中根据对方的表情判断对方是厌烦还是喜爱自己，并伸出小手互相抚摸以示友好。

根据布朗芬布伦纳的生态系统理论（模型见图 2-1），孩子最初与外界的社会联结对象是主要抚养者（一般是父母，有时可能是祖父母或其他成人）；2～3岁孩子的社会联结对象开始逐渐发展为同小区的其他小伙伴；学龄期入学后就会有和同学、教师的人际关系。随着不断长大，孩子的人际关系结构会逐渐变得复杂和多元。

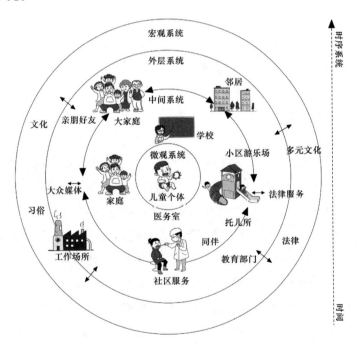

图 2-1　布朗芬布伦纳生态系统理论模型

心理学家们普遍认为，人际关系是衡量一个人心理是否健康的重要标志，而人际交往不良往往是各种心理问题产生的主要原因。哈佛大学的心理学家加德纳（Gardner）提出，人际交往有利于孩子的智力发展；在人际交往中，孩子能觉察并区分他人的情绪、意图、动机和感受，并通过语言、手势、表情、眼神等方式与他人进行信息交流和情感沟通。

上了小学后，孩子就开始发展同伴关系和师生关系了。皮亚杰等心理学家认为，同伴对儿童青少年的发展起到了与父母同等甚至是更重要的作用，因为孩子们彼此都有着同等的权力和地位，如果希望能够友好相处就必须学着去理解彼此的感受，相互协商合作，而这与孩子同父母之间那种权威、不对等的关系有着本质区别。

有些家长可能会发现孩子上学后开始出现一些人际关系问题，如胆小、不敢和其他同学玩、常常无法融入团体，而这些问题会让孩子产生孤独感和自卑情绪。有些教师可能会发现，有些孩子特别在意教师的评价，他们会牢牢记住教师的每句话并反复猜测，还有些孩子有不恰当的人际交往方式，如辱骂、推搡或攻击其他孩子。到了青春期，孩子的人际关系发展会进入下一阶段，开始有情感的萌芽，出现社会意义上的所谓"早恋"情况了，而这也是家长和教师非常关注的话题，因为家长和教师很担心"早恋"会影响孩子的情绪及学业表现。无论孩子的人际关系发展到了哪个阶段，他/她的社会性都在不断成熟以适应社会和自我发展的过程。社会性是指人在社会生活中通过与他人交往、互动而形成的一些社会性特征，包括社会认知、社会技能、社会适应性等（陈会昌，1994）。社会性是衡量一个人心理是否健康的重要维度（戴斌荣，2019）。一个孩子如果不能较好地应对其人际发展阶段中的各种问题，其未来人际关系的建立及人际交往能力的发展都会受到影响，他可能会自卑，感到孤独，甚至未来无法建立良好的人际关系及亲密关系等。因此，帮助孩子顺利度过人际关系发展的各个阶段，提高其人际交往技能和水平，对促进孩子的心理健康发展，预防各种心理问题的发生都有着积极、重要的意义，而这一过程离不开家长和教师的支持与引导。本章将带领家长和教师了解孩子人际关系发展的阶段性特征、可能出现的心理问题表现及相应的支持与应对方式。

第一节 儿童青少年人际关系发展特征及指导策略

一、儿童青少年人际关系发展特征

我们先来了解一下各年龄阶段儿童青少年的人际关系发展特征,从而更好地理解其在成长过程中可能的体验和感受。

(一)小学1~3年级

整个小学阶段,孩子的人际交往对象和人际交往方式逐渐变得复杂。在小学低年级阶段,孩子的人际交往对象主要是家长、教师和同伴,游戏活动为他们与同伴间的交往提供了大量机会(韦耀阳,2005),言语沟通、提供利益和分享、互换物品是他们维持人际交往的主要策略。小学低年级阶段的孩子对教师有较大的信任感和依赖感,于他们而言,教师的权威性甚至高于家长的权威性,如我们常会听到这个阶段的孩子表达"这是老师说的""这是老师要求的""老师这么说了,我就要这么做"等。在同伴交往中,这个阶段的孩子对友谊的理解还停留在以自我为中心、单向而具体化的阶段中,因此在交往方式上,他们一般会通过和同伴互换自己喜欢的玩具来表达友好,也会在同伴服从自己的愿望和要求时将对方看成是自己的朋友。友好、亲社会、有反应和积极交往使孩子易于被同伴接纳,但小学生身心发展的特点决定了这种人际关系并不稳定,他们常常为一点小事就"闹翻",但又很快重归于好(韦耀阳,2005)。这一阶段的孩子还可能会通过行为模仿来拉近彼此间的距离,因此同伴中的积极或消极行为都可能会对孩子在学校的表现、行为习惯的养成有重要的影响。在这一阶段,如果孩子没能形成人际交往的能力,可能会感觉孤独、感到被排挤,出现自信心下降、抗挫折能力低、较难适应学校环境等情况。

(二)小学4~6年级

进入小学高年级,孩子和家长及教师依旧保持着较好的关系,但是会将更多的精力转移到和同伴的相处中,和同伴的关系出现了更多的交互性。这个阶段,一部分孩子开始意识到朋友之间不只是交换喜欢的物件,或者由一方听从另一方,而是可以互相分享、保持信任、同甘共苦的。这一阶段,孩子开始花更多时间和同伴在一起,并且出现彼此之间互帮互助,一起制订和讨论方案来解决问题的现象。由此,他们开始形成有归属感的小团体,同时在友谊中出现比较强的排他性和独立性。小学阶段，孩子通过交友来获得一定的自我价值感和胜任力，他们也同样在这个阶段中学习如何与人沟通、如何完成某些任务。

（三）初中 7～9 年级

初中阶段，孩子的人际关系发展进入了一个比较复杂的阶段，他们一方面希望能找到更加独立的方式来表达自己，但另一方面又在寻找可以融入群体的方式。在这个过程中，他们容易在探索中体验到不安全感，容易情感脆弱。在和家长的关系中，他们因为追求独立性和自主性而逐渐开始表达出脱离家长的意愿，和家长的关系可能出现较大的波动。例如，初中阶段，孩子开始减少和家长的交流，不把学校中发生的事情分享给家长听，开始尝试自己做决定，甚至会反抗家长提出的一些建议；在和教师的交往中，他们虽然在面对权威时有一定的服从性，但他们也开始思考教师说的话是否都是正确的，一些叛逆的行为也随着年龄的增长而更多地在学校中表现出来。

和与家长、教师相处相比，这一阶段孩子更愿意把时间花在和同伴的交往上，他们也更容易在和同伴的交往中产生不同的情绪体验。例如，他们会因为自己的朋友开始和其他人发展友情而感到被背叛或嫉妒，也会因为小事和朋友发生争执甚至影响友情的发展，还会因为谣言的散播而受到情感上的伤害。由于青春期孩子的生理和心理快速发展，有部分孩子开始对异性产生兴趣，出现与异性同伴关系好于同性同伴的关系特点，而这一特点也会引起一定的人际关系波动。初中生与同伴的交往水平波动较大，这是由于初中生心理处于由不成熟走向成熟的过渡阶段，心理发展体现出较大的矛盾性，与同伴的关系也不稳定（韦耀阳，2005）。

（四）高中 1～3 年级

进入高中阶段，孩子们的生理和心理均趋于成熟和稳定，他们对友情概念的理解也进入了更深的层次。在这一阶段，他们会在交友中更看重彼此的性格、爱好和价值观，更强调相互理解、忠诚和亲密感，因此在同伴的选择上也从一般性的普遍交友变成了个别性的交友，出现了所谓的"挚友"；他们对异性的消极感受几乎消失了，男生和女生可以跨过性别界限建立友谊；他们还会在这个阶段探索自我同一性，主要体现在对自我的探索上，如思考"我在同伴眼中是一个什么样的人？我在父母眼中是一个什么样的孩子？我在老师眼中是一个什么样的学生？"在这些探索过程中，他们可能会因为在意外界对自己的评价而产生一定的焦虑感，甚至有些孩子会因为过于在意他人对自己的评价而出现社交焦虑。与家长的关系中，多数孩子基本能与家长保持一种肯定和尊重的关系，反抗性成分逐渐减少，与家长的关系有一定的改善，而与教师的关系则保持在一个较低的水平上。

二、指导策略

基于儿童青少年人际关系发展特征，本书提供以下常见的针对儿童青少年人际关系发展的指导策略。

（一）准确了解儿童青少年人际关系发展阶段特征及需求

家长与教师需要了解孩子在不同发展阶段的人际关系发展特征以及可能遇到的人际交往困境并提供针对性的支持。比如，刚开始上小学的孩子，他们正处在同伴交往适应的关键时期，家长和教师需要就合适的人际交往方式提供建议和指导，及时给孩子正确的反馈和示范，鼓励恰当的人际沟通行为，同时纠正不合适的行为；对于有人际交往缺陷的孩子，早期干预可以让孩子更快在生活和学习中学习到基本的人际交往技巧，缓解孩子感觉自己被排挤或难以融入的感受。进入中学后，孩子可能对表达自己的主张有更多的需求，家长和教师可以在理解孩子需求的前提下给孩子更多空间，让他逐渐找到合适的平衡点。到了初中后期及高中阶段，孩子进入了青春期，可能开始有情感的萌芽，容易对异性产生好感，这是这一阶段人际关系发展的正常表现，家长和教师可以在关注孩子异性关系发展的前提下，提供合适的性教育，避免孩子做出让他/她身体和心理受到伤害的行为。作为家长和教师，了解儿童青少年在不同发展阶段的人际关系发展特征，我们才能对不同阶段孩子可能遇到的人际交往困扰有更积极的应对办法，同时也能缓解我们对孩子正常人际交往行为的过度担忧。

（二）掌握合适的沟通方式，引导孩子正确人际交往

由于孩子人际交往技能的发展多受与家长、教师及同伴互动的影响，因此家长和教师需要掌握合适的沟通方式，给孩子提供合理的人际沟通示范，同时引导孩子学会正确的人际交往方式。比如，小学低年级的孩子在遇到人际交往困境时，可能无法准确描述自己的人际交往困境，而更多地通过行为或情绪的发泄来处理矛盾。家长和教师可以耐心地采用开放式问题帮助这类孩子梳理遇到的情景，理解当下行为的后果，并且了解孩子当下希望得到的帮助。具体的做法可参见"应对 7 步法"。

百宝箱

应对7步法

尝试用这7句话与孩子沟通吧！请始终保持耐心和接纳。

(1)发生了什么事？（使用开放式问题了解原因，客观了解事情发生的经过，而非为了指责和批评，注意给孩子营造一个可以沟通的安全环境）

(2)"那你一定感到有些生气/难过/失望吧！"（共情感受，让孩子感觉自己被理解和看到了）

(3)你现在觉得怎么样？（了解孩子此刻的感受）你现在再谈到这件事有什么样的感觉？（继续共情孩子的感受，给孩子更进一步的表达空间，承接孩子的情绪）

(4)你有什么想法？（了解想法，理解孩子行为中积极正向的部分并给予肯定，同时引导孩子在情绪平稳时回顾自己对事件发生经过的看法）

(5)你觉得这么做会有什么后果？（讨论后果，引导孩子思考可能的结果和影响，促进孩子的思考和自我觉察）

(6)那你决定怎么做？或你之后再遇到类似的事情还有哪些更好的应对方式？（了解应对方式，帮助孩子打开思路，让他/她意识到在事情发生的当下每个人都会有情绪支配下的反应，待到情绪平静后，每个人都会有更好的解决办法，下一次遇到类似的情况也能更好地应对）

(7)你希望我（家长、教师）怎么做？或我能为你做些什么？（提供支持，不是我们主动提出帮助，而是询问孩子哪些是他/她自己可以做的，哪些是需要帮助的，并让他/她知道在任何需要帮助的时候爸爸妈妈都会在）

处于青春期的初高中生，他们社会交往的学习对象更多是同伴，对于家长和教师直接的教导方式可能会有一定的反感情绪。因此家长和教师可以更多地采取倾听、陪伴和提供支持的方式来做孩子的守护者。当孩子遇到一定的人际困扰时，可以给孩子一个安全的空间让他们表达，并在他们需要时提供知识性、技能性和情感性的支持。

（三）创造合适的人际交往环境

为了让孩子发展出良好的人际交往技能从而与同伴友好相处，家长和教师可以为孩子创造合适的人际交往环境。对于低年级的孩子，可以带他们去游乐场或小区的公园与其他孩子互动，鼓励他们自主解决问题并在适当的时候进行引导。针对高年级的孩子，可以基于他们更多偏向和同伴相处的年龄特征而鼓励他们自主进行人际交往，如参加学校社团、积极参加校内活动等；教师还可以主动设计一些课内小组讨论来增加学生的人际交往机会，让他们通过观察自然习得不同的沟通及问题解决方法；当他们发生人际冲突时，给孩子表达和倾诉的空间，积极倾听他们的困扰和需求，多为他们提供包容、温暖、开放、安全的倾诉空间，与他们一起探索他们期待的解决和应对方式。

（四）发现问题及早干预，全面支持孩子的人际交往发展

并非所有孩子都能天然地习得人际交往技能，有些孩子可能会因为一些先天或后天的原因而出现人际交往困扰。一般而言，家长和教师在早期就能觉察到孩子的人际交往困扰。例如，一些孤独症谱系障碍的孩子就存在典型的人际交往困难，他们很难理解他人传递的信息、无法正确解读他人的情绪、宁愿一个人独处也不愿意和他人互动。对于这些孩子，家长和教师需要及早有意识地引起他们对周围世界的关注，并且通过简单易懂的方式和他们建立连接，形成双向的沟通模式；在此基础上，家长和教师可以通过游戏的方式让孩子学习如何在不同社会情境下表达情绪并解决问题。还有一些孩子，可能因为社交焦虑而无法与同伴正常相处。对于这些孩子，家长和教师首先要意识到是强烈的情绪阻碍了他们的社交，使他们无法与人正常交往，然后可以从这一点切入，让他们练习情绪调节，或是辅助一些药物干预，来帮助他们缓解焦虑情绪，对人际交往建立合适的认知，恢复正常的人际交往活动。

第二节　人际关系困扰

人际关系困扰有很多种成因，有些困扰可能是由一些先天因素导致的，有些困扰可能是由于个体缺少建立人际关系的能力。在成长过程中，人际关系困扰会影响孩子身心的正常发展。以下两个案例就分别介绍了这两种不同成因的人际关系困扰的具体表现。相应地，我们提供了对这两个案例中孩子人际关系困扰的应对方式。

 案例一

为什么我感到孤独？

小姗是某重点中学初中 7 年级学生，出生在农村，小学也在农村读书，后来考到了县城某重点中学，开始到城里就读。

小姗在小学时学业表现优异，刚升入 7 年级学习认真，积极表现。入学一个月后她开始发现自己参与不了同学的话题。同学们正在聊天，只要她一加入，大家就都散了，她是话题终结者，没有人能和她聊到一起。小姗感觉自己也找不到和同学的共同话题，每次和同学相处都让她感到尴尬和不自在。她总觉得自己在班里一个朋友都没有，时常感到孤独，觉得自己很受排斥。近一个月，小姗开始出现上课注意力不集中的情况，很害怕下课，因为每次下课别人总是三五成群，而自己只是一个人在座位上。晚上回家后，小姗也根本无法专心学习和写作业，一写作业就很烦躁，根本写不进去。焦虑的情绪时刻充斥在小姗的周围，她觉得自己是最不受欢迎的人，没有人喜欢自己，自己是糟糕的。小姗因此已经连续两周没能完成作业了，近期学业表现也下降了。小姗晚上也经常失眠，总是到凌晨才睡着，第二天上课更是昏昏沉沉，这样的情况已经持续一个月了。最近，小姗开始出现不想去学校的想法。她也被自己的状态吓到了，却不知道自己到底怎么了，又恐惧又无助，不知道可以和谁说。

　　经过了解，小姗从小是在姥姥家长大的，父母在城里打工，主要照料者是姥姥。姥姥曾经是村里的小学教师，本着"严师出高徒"的原则，对小姗的教育很严苛。姥姥要求小姗放学回家不能和同学玩儿，一进门就必须写作业，当天的作业不写完不许离开桌子；小姗的学业表现必须保持优秀，如果退步了就会被姥姥责骂；小姗不被允许参加学校、班级组织的课外活动，因为姥姥怕浪费时间耽误功课，更不可能看电视，所以小姗几乎没有要好的朋友，她平时空闲时也只能看看教室图书角的几本课外书。小姗几乎没有什么兴趣爱好，慢慢地，她与同学能聊的话题越来越少，除了和同学们讨论学习，她不知道该如何与同学们相处，而大家似乎对学习都并不那么感兴趣，大家说的明星、八卦之类的话题她也不喜欢，她喜欢的话题同学们认为无趣。原以为换个环境，凭借自己优秀的学业表现会赢得同学们的喜欢，但现在，她觉得自己难以和同学们相处，感到孤独又压抑，却无力改变。

 案例解析

需要关注的表现

　　本案例中，小姗近一个月出现了失眠、注意力减退、学业表现退步等表现，具体为在上课和写作业时均会走神，无法集中注意力；主观上感到痛苦、孤独和无助，焦虑和烦躁的情绪也充斥在其周围；在与同伴的互动和交往中觉得自己是不受欢迎的、糟糕的，并因此出现了不想上学的想法。以上的这些负性情绪及状态均需要被关注和处理。

从认知层面来看，小姗的内心信念是"没有人和我玩＝没有人喜欢我＝我是糟糕的"。这些想法都会影响小姗对自己的认识，导致对自己的全面否定，导致焦虑情绪的影响进一步扩大。青少年在这一时期对同伴的需求是比较高的，他们希望得到同伴的认可并建立友情。他们也会在这一时期出现自我评价，他们的自我评价多出自实现理想自我的愿望，或是对失败和挫折的反省。当小姗感受到自己是"话题终结者"且无法较好融入同伴时，她就会出现较低的自我评价和自我认知，这些对自己较低的自我评价和负性的自我认知会使其自尊水平降低，从而产生"我不够好""我很糟糕"的想法，这些想法会进一步使其无法建立良好的人际关系，形成恶性循环。这些想法也会影响小姗的情绪和行为，并进一步强化小姗的消极信念。

从情绪角度来看，小姗的情绪受到了影响，她因为在学校没有朋友，无法与他人建立良好的人际关系而出现了严重的恐惧、害怕和焦虑的情绪；而且小姗在人际关系中感到孤独和被排斥，觉得自己是糟糕的，不被喜欢的，并因此出现了不想上学的念头。小姗原本以为只要自己学业表现好就能交到朋友，但实际上在这一年龄阶段，同伴关注的不仅仅是学业表现，还有兴趣爱好及同伴间心理上的支持与帮助。这个部分让小姗产生了心理落差，感受到了自己的局限性，意识到自己缺少融入大家的能力，从而出现沮丧和低落的情绪。同时，小姗正处于"心理断乳期"，这一时期青少年产生了对亲密感的需求，但与之相关的社会关系还没有建立起来，因此这一阶段的青少年在陷入孤独状态时，常常会感到难以自拔；小姗就是在这个阶段开始有点迷失自己并感到孤独。

 小贴士

心理断乳期

美国心理学家霍林沃思（Hollingworth）将青春期到成年早期这一年龄阶段称为"心理上的断乳期"。也就是从这时起，个体将在心理上脱离父母的保护及对父母的依恋，逐渐成长为独立的社会人员。

（资料来源：谢弗，2016，有删改）

从行为层面来看，小姗害怕、恐惧和焦虑的情绪导致她出现了失眠、注意力不集中、无法安心完成作业、作业拖欠等外在表现。小姗无法专心上课也无法按时高效完成作业，导致学业表现严重下滑。此外，小姗还出现害怕下课、课间不敢与同伴互动、几乎不参加班级活动等表现。由于青少年自我意识的发展及对人际交往的需要，小姗在进入初中后开始尝试人际交往，但在尝试多次后感觉自己成了"话题终结者"，这对小姗自我同一性的建立是有较大影响的。她开始感受到自己不受欢迎，也无法融入进去，这让她产生了无助和绝望感。

从家庭角度来看，小姗从小在姥姥身边长大，父母常年在外打工，因此缺少和父母之间依恋关系的建立。从农村进入城市上学，学校环境的变化让小姗总感觉自己和他人有所不同，无论是穿衣还是交流，自己似乎都有些难以适应；且小姗与父母的交流较少，有事情也不会与他们说。此外，小姗姥姥在小学时期对小姗管教严格，除了学习几乎不允许其他活动，这种严格管教一定程度上限制了小姗的人际交往，小姗不曾在与同伴的互动中学会并发展良好的人际交往技能，因此到了初中也较难与他人建立良好的人际关系，缺少同伴支持，并由此产生孤独感，觉得自己是"不好的、不被喜欢的、糟糕的"。小姗在成长中无法表达自己的需求和期待，以长辈和权威的期待为自己的目标，缺乏自我目标与自我力量，因此在遇到困难和挫折时会倾向于自我否定，觉得是自己不好才会不受欢迎。

一、常见干预误区

家长和教师看到以往学业表现优异、乖巧懂事的小姗变成现在这样，首先的反应是会感到着急和焦虑；其次，教师可能会觉得小姗上课注意力不集中、作业无法完成是由于近期学习态度不好，会因此把小姗叫到办公室谈话，建议她好好把注意力放在学习上。这样做的弊端是只看到小姗的表面现象，而忽略了她出现注意力不集中和焦虑情绪的根本原因。如果只是先入为主地不断提供建议，小姗的情绪不光没有被看到和被理解，更加无法被处理和被解决，反而小姗的压力会增加，小姗会误认为自己在老师眼中是一个不求上进的学生，焦虑情绪会被进一步加剧。

家长通常会在观察小姗写作业的状态时察觉到小姗无法集中注意力的现象。通常家长容易在不了解原因的情况下指责小姗写作业不认真、不努力，而因此忽略了小姗此时是由于情绪受到影响而无法专心写作业。如果家长无法理解小姗真正困扰的来源，无法帮助她正确理解自己的优势，学会一些人际交往的技能，反而批评她，可能会加重她对学习的害怕和恐惧情绪，甚至进一步强化她的厌学情绪。

二、推荐干预方向

对于小姗这类存在人际关系困扰的孩子，家长和教师可以从以下几个方向入手进行干预。

（一）及时沟通，了解原因

在看到小姗出现的情绪表现和行为表现后，教师可以找小姗进行及时的沟通，与小姗一起探索和梳理小姗在这个阶段状态变化的原因。教师在谈话时要注意对事实的客观陈述，如"老师察觉到你最近状态似乎和刚开学那段相比有变化。刚开学的时候我看到你上课精神饱满，很投入地参与学习，作业也能及时完成；最近好像上课的时候容易犯困，回答问题也少了，这两周的作业在提交的准时性上似乎也有困难"。客观陈述事实，不带情绪地描述能让孩子意识到教师观察到了她的变化，并且对她的状态很关心。

然后，教师可以用关心的口吻去了解小姗可能遇到的困难，正常化这个年龄阶段孩子可能有的状态变化，并且主动提供一定的帮助。例如，"我很好奇你最近是不是遇到了什么事情，很多刚上初中的孩子都可能在一开始遇到一些小挫折。我很愿意听你说你的困扰，说不定我可以帮到你"。给孩子一个安全表达的空间，以接纳的态度与孩子沟通，孩子才愿意敞开心扉。家长也可以参考类似的口吻与孩子沟通。

一般来说，孩子情绪和行为发生变化不会毫无根据。家长和教师要避免因为对孩子行为的固有偏见而不去包容、理解孩子真实遇到的特殊挑战。如果家长和教师可以认真倾听孩子遇到的挑战，基于孩子遇到的困境给予明确的指导和支持，那么孩子就可以感受到被爱和被理解，从而调整对自我的认知，也能更好地融入集体，参与到这个阶段的学习和人际交往中。

（二）帮助孩子理解自己，正常化负性情绪与感受

为孩子提供支持性环境，帮助孩子言语化自己的情绪，帮助孩子梳理对自己而言发生了什么。本案例中，家长和教师可以正常化小姗的焦虑、担心和恐

惧，让小姗正确理解和对待自己此时面临的困境，如"你现在出现这些情绪是正常的，很多人在面临这些问题时都不知道怎么办，每个人都有负性情绪，我们一起来看看这个过程中发生了什么"。尝试接纳并理解小姗此时出现的负性情绪，给她一个表达和宣泄情绪的安全空间。

一般来说，孩子出现负性情绪时，家长和教师最重要的是能提供支持性环境，积极倾听孩子内心的声音，并尝试用开放式问题提问，鼓励孩子表达和宣泄内心的情绪。很多家长和教师在此刻都急于表达，急于告诉孩子需要怎么做，急于用自己的经验给孩子一些指导，但这往往会关上孩子倾诉的大门。所以，了解孩子的情绪来源，正常化孩子此时的情绪感受，如"你现在感觉很孤单""你因为自己无法专心学习更加苦恼了，这很正常，任何人在遇到问题时都无法安心学习"等，能帮助孩子处理负性情绪，使孩子能静下心来思考发生了什么，从而更好地探索其自身的资源。

 百宝箱

学做情绪的小主人——识别情绪与表达情绪

很多时候孩子对自己的情绪没有准确的认识和理解，也较难表达自己此刻的真实情绪和感受。实际上，我们的情绪是丰富多样的，家长和教师可以采用不同的形式帮助孩子言语化自己的情绪，如情绪贴纸、情绪挂画、情绪词汇库等，也可以陪伴孩子一起看绘本或表达情绪的电影来帮助孩子丰富情绪词汇库。

1. 基本情绪

喜：高兴、开心、快乐、欢快、愉快、愉悦、舒心、美滋滋；

怒：愤怒、恼怒、激愤、气恼、恼火、气愤、震怒；

哀：悲伤、悲苦、悲哀、痛心、伤心、失落、苦涩、辛酸；

惧：畏惧、害怕、担心、心惊胆战、惊恐、恐惧、心有余悸。

2. 复合情绪

喜爱：倾慕、入迷、着迷、入神；

怨恨：敌视、可憎、痛恨、痛恶、嫉妒、反感、厌恶；

烦恼：懊恼、别扭、不安、不爽、烦闷、难受、压抑；

抑郁：沉郁、阴郁、低落、失落、无能；

抱歉：内疚、自责、悔恨、追悔；

疑惑：迷惑、迷茫、彷徨、好奇；

同情：怜惜、怜悯、哀怜、痛惜；

失望：失意、懊丧、抱憾、沮丧；

孤单：心寒、孤独、寂寞、孤寂、落寞、暗淡。

3. 叠加情绪

烦躁、惊喜、苦闷、苦恼、纳闷、欣慰、羞怯、忧伤等。

4. 表示变化的情绪

放松、解气、恼羞成怒、气馁、丧气、扫兴、消气、泄劲、泄气、厌倦、如释重负、吐气、释然等。

（三）基于困境所在，提供针对性支持

在小姗更好地理解自己的情绪后，家长和教师可以更进一步地探索小姗的首要困扰，同时基于其困扰提供针对性支持。如果小姗当下觉得只会学习不会别的让自己很苦恼和孤独，一个帮助小姗的方式是和她一起探索学习以外的兴趣爱好。如果聊明星、聊八卦并不是小姗感兴趣的事，告诉小姗这非常正常，并不是每个人都需要对这些信息感兴趣。家长和教师可以帮助小姗发现自己学习以外感兴趣的事，如养动植物、看书、画画、写书法、听音乐、运动等。通过班会的形式，教师可以鼓励孩子们分享自己的兴趣爱好，并且鼓励小姗寻找和自己有相似兴趣爱好的同学；教师还可以在班里增设类似"植物角""阅读角"之类的可以培养孩子兴趣爱好的小场地，让小姗或类似缺少兴趣爱好的孩子开始逐渐对更多事物产生兴趣。

若小姗缺乏人际交往技巧，家长和教师则可以和小姗一起探索合适的人际交往方式，并在平时多给小姗人际交往相关的反馈。例如，教师可以多关注小姗平时和同学的互动情况，反馈小姗在和同学相处时让人觉得舒服的举止表现，通过正强化来缓解小姗觉得自己无法融入同学的消极感受。

（四）帮助孩子探索和利用自身优势资源

每个孩子都有自身优势，而这些优势一旦被发现和使用将极大地增强他们的自信心。家长和教师可以采用启发式问题帮助孩子了解自身的优势资源并充分调动这些资源。比如，小姗小学时学业表现优异，表明她具备良好的学习能力，这一能力只是在当前受到影响，但并不会消失。在认可小姗的能力后，帮助小姗具体化当时的学习方法，让其重拾自信心，使用原有的方法来提高其学习效能感。除此以外，小姗虽然当前在人际交往中存在困扰，但这也说明小姗有想要与他人进行人际交往的意愿，有过很多尝试。教师可以抓住小姗愿意与人交往的心意，认可她的主动性，帮她复盘她在人际交往中使用的方式，帮她分清自己在交往中的优点和需要改进的地方，用启发式问题帮助小姗了解自己，如让她思考可以做什么来调整目前的状态以及如何建立关系。

 百宝箱

提问技巧之启发式问题

启发式问题是一类问题形式，不同于"你为什么要这样？"之类可能让孩子产生强大心理压力的提问方式，而主要是一类可以邀请孩子参与对话、讨论，让孩子能自己思考、确定自己想要什么以及需要怎么做的问题形式。启发式问题专注于解决问题的方案，而不是后果。我们用命令式语句直接告诉孩子后果是什么，往往会使孩子产生戒备心理，而阻碍他们的主动思考。典型的启发式问题如下：

你当时想要完成什么？

你对发生的事情有什么感觉？

你认为是什么原因导致了那件事情的发生？

你从这件事中学到了什么？

你怎样才能把这次学到的东西用于将来？

你现在对解决这一问题有什么想法？

（资料来源：尼尔森，2016，有删改）

 案例二

来自星星的孩子

小润，男，8岁，在某公立小学就读3年级，身高体重均符合小学3年级水平，学业表现不错，擅长英语和数学，但语文较弱。小润每天看起来都乐呵呵的，面对大家的时候也都面带微笑。

在学校里，同学们都把小润当成小宝宝：衣服上的拉链拉不上了，他就坐在地上哇哇哭，其他同学就会过去哄他，给他拉上拉链，然后他就会好一点；如果没有人理他，他就会一直哭，同时大喊"怎么没有人管我……"小润平时几乎没有固定的朋友，他总是自己一个人坐在地上或者在座位上玩，安静的时候会自己看书。小润似乎不知道上课的规则，有时在上课期间他会突然离开座位，老师教了很多次，他似乎都听不进去，只是笑呵呵的，如果老师说得多了，他可能急得哇哇大哭，对老师的话几乎没有回应。小润在与老师、同学对话时眼睛常环顾周围，缺少直接的眼神接触。小润的运动协调能力比较差，他不会跳绳，跑步也很慢，做操的时候动作也不太协调。另外，小润似乎缺乏对同学的关心和共情，很难体会到他人的感受，如他看到他人哭时，不会主动安慰，大多数情况下会笑着对其他同学说"他哭了，他哭了"。长期在一个班级里，同学们虽然也都能够包容他，不太在意他的表达，但还是会时常被他的行为打扰。因此，老师联系小润的父母，反馈小润的在校情况，希望能一起帮助小润。

老师在和小润父母的沟通中了解到，小润是 8 个月的早产儿，从出生到两岁各项发展都相对迟缓一些，到了两岁，别的孩子都开始说话了，小润却没有开口的迹象，只对《小兔子乖乖》这首歌百听不厌，而且，小润排斥和人接触，运动协调能力也不如同龄孩子。小润母亲说从小润两岁开始，她就明显感到自己的孩子和别人的孩子不一样，经常在喊他的时候没有反应，很少有情感的回应，不爱出门，大多数时间沉浸在自己的世界里。小润母亲一直安慰自己说孩子还小，这些是正常的，但等到小润长大一些和其他孩子一起玩时，才发现对比之下小润缺少和他人的连接，各种行为表现都很幼稚。所以从小到大，小润几乎没有朋友，为他安排朋友也是各玩各的，组织他和同事的孩子玩，小朋友们也都不愿意他加入团队合作中，觉得他反应慢，没有回应。小润母亲看他总是自己一个人玩，也担心他感到被排斥，时间长了就不带他和别的小朋友一起玩了。另外，小润的父亲也不善言辞，小学时也常跑出教室，但学业表现还能保持在一个比较好的水平。在老师的建议下，小润的父母带小润去医院接受了全面的评估，小润被诊断为高功能孤独症。

 案例解析

需要关注的表现

本案例中，小润从很小的时候就和别的小朋友表现得不一样，他缺乏对他人的反应和关心，也听不进家长和教师的话，从小到大几乎没有朋友，多独自玩耍，在学校很难遵守规则，经常在上课时离开座位。小润在同学们眼里是一个"宝宝"，需要同学帮忙拉拉链，在无人回应时会大哭。小润在学校的情绪管理、人际交往和语言沟通等方面都存在困难。

从生理方面来看，小润是早产儿，这可能会对他认知水平的发展、言语交往能力的发展、大脑的发育、运动协调能力的发育等造成影响。此外，小润的父亲也不善言辞，很少与人交往，且在小的时候较难遵守规则经常跑下座位。由于缺少对小润父亲成长发育过程的评估，基于已有的信息很难确认小润父亲是否存在一定的神经发育类缺陷，若存在，小润目前的表现也许意味着他受到了他父亲遗传因素的影响。

从语言沟通方面来看，到了两岁，小润依然不开口说话，进入小学后，也只会说2～3字的短句和词语，很少说长句子，如小润只会说"可以""他哭了""我不要"等。一方面，这可能与小润的言语发展水平较低有关，另一方面，可能是因为小润缺乏情感表达和语言表达能力。此外，小润从不主动和人说话，即便有人和他讲话，他也不习惯看对方的眼睛，总是低着头沉浸在自己的世界里，很少主动回应，只会偶尔说一两个字。

从情绪角度来看，小润在学校适应方面存在困难，情绪比较容易起波动。主要表现为无法独立完成某事时会大哭甚至大吵大闹（如拉不上拉链会大哭大闹），目前班里的同学都把小润当成"小宝宝"一样照顾，时间久了教师也担心小润的状态不仅没有改善，这一行为的持续还可能给小润带来不可预知的负面影响。此外，小润对于自己和他人的情绪均缺乏较好的认知能力，较难识别自己和他人的情绪状态，也很难关心和共情他人。

从人际关系方面来看，小润很少主动和他人说话，说话时不看他人的眼睛，在他人喊他时，他也都不回应，行为表现和同龄孩子不同。他在其他同学有情绪反应时无法理解他人的情绪，只是笑着表达"他哭了，他哭了"。这一行为很可能引起其他同学的不满，也可能导致其他同学感到小润只会幸灾乐祸而更加远离他。此外，小润缺乏合适的与人交往的方式，缺少对自己行为的认识，缺少对他人反应的解读，整体在人际互动上面临比较大的困难。

一、常见干预误区

孤独症在早期较难被识别出来，再加上许多教师也缺少对孤独症谱系障碍（Autism Spectrum Disorder，ASD，简称孤独症）的了解，因此教师很难及时发现班内可能患孤独症的孩子。从实际情况看，一个孤独症的学生会给教师的日常教学带来很多挑战，如对整个课堂秩序的扰乱。目前国内一个班级的学生整体较多，教师们的精力也有限，很难照顾到学生们的所有需求。因此，为了保证教学进度，多数教师在面临有挑战的学生时采取的可能是放任的态度，或者严厉制止，但这都不适用于孤独症的学生。

 小贴士

孤独症干预的两大误区

1. 早期发病症状被忽视，错失干预良机

孤独症很少见生理性损害，因而绝大多数家长在缺乏对孤独症的基本了解的情况下，是无法及时识别孩子的情况，及时带孩子到专业机构接受评估诊断的。大多数家长是在观察到孩子出现异常的行为或情绪表现后才带孩子去医院就诊，主要是孩子在人际关系上与同龄孩子相比表现出了较大的差异。绝大多数家长的就诊报告显示，尽管在孩子出生后头一两年，他们对孩子的能力发展隐隐感到担忧，但真正带孩子看医生，接受评估诊断多是在孩子三四岁的时候，有些甚至更迟。部分家长对孤独症成因存在认识误区，部分认为孤独症是由于与孩子交流太少，对孩子陪伴太少，甚至是因孩子小时候与老人住一起，缺少语言方面的教育导致的。然而事实上，孤独症属于先天发育障碍，具体病因不详，更多可能与遗传有关；也可以说孤独症是伴随孩子出生而来，并将伴随其终身的。还有部分家长会对孤独症恐惧、害怕和担心，而这些情绪和病耻感会让家长无法正视孤独症，从而耽误及时带孩子就医。

2. 不进行评估，盲目干预

孤独症个体差异大，很多机构不给孩子做评估直接干预，这就做不到针对性干预；实际上，不同孩子的情况具有特异性，其诊断结果也各不相同，目前没有放之四海而皆准的诊断标准。家长需要带孩子到专业机构接受专业、全面的评估，并结合评估诊断结果让孩子接受符合其特征和需求的针对性干预。

二、推荐干预方向

针对小润这样有孤独症的孩子，家长和教师应该注意从以下几个方向入手来培养孩子的人际交往能力，帮助他们建立合适的人际关系。

(一)从孩子感兴趣的点着手，进行某一行为习惯的培养

兴趣是最好的老师。对于患有孤独症的孩子而言，要引起其注意，必须先从其兴趣出发，引起孩子的无意注意，然后将他的无意注意转为有意注意，从而实现使其服从教师言语指令的目标。比如，对本案例中的小润，就需要结合其注意力的呈现状态逐级帮助其从无意注意转为有意注意。此外，在训练过程中必须注意，孤独症孩子的语言理解能力很欠缺，所以给出的指令必须是简单的，而且要统一，变化尽可能少。例如，对于小润来说，他对音乐较为感兴趣，可以在他上音乐课时，课前教师做些基本的上课动作，然后同学点名，跟他们每人都打一声招呼，然后击掌，通过这样稳定的模式来建立小润与他人的连接。

(二)给予孩子积极肯定，培养孩子的自信心

家长和教师的一个表扬、一个鼓励都是每个孩子梦寐以求的奖赏。对于一个患有孤独症的孩子来说，明确的鼓励和认可更有意义。比如，家长和教师可以积极关注小润的正向行为，在小润表现出正向的行为或言语表达时，积极肯定给予夸赞。为了给孩子自信心，家长和教师都不能放过孩子任何一个微小的动作，要积极努力去挖掘并放大孩子的优点。只要是积极的行为，家长和教师都可以及时给予口头的明确肯定和鼓励。如"哇！小润，你能看着老师(爸爸/妈妈)，感觉到你有非常认真地在听我说话，这点做得很棒"。有时，家长和教师还可以采取"奖章"等物质奖励，来不断强化孩子积极向上的认同心理。

 小贴士

鼓励孩子的小技巧

在语言训练的过程中，可以多使用鼓励的策略。能力再弱的孩子也有他的"闪光点"。从发现孩子的优点入手，当孩子听懂了我们的话语，说出了一些简单的表达语句，就及时赞扬他，或者奖励他一些他喜欢的物品，激励他继续努力。

我们可以在和孩子玩游戏的过程中不断给出语言的正向激励。也可以在孩子按照指令要求做时播放"鼓掌"或者"欢呼"一次，孩子一般对强烈的情绪会有反应并感兴趣。

很多游戏对大多数孩子来说是很容易完成的，但对孤独症孩子来说就没那么容易了。因此，可以适当降低标准，为孩子创设成功的机会，使孩子从不难获得的成功体验中获得自信。当孩子获得点滴进步时，可以夸大他的进步，从而调动他的积极因素，同时让他产生一种期望自己能有更大进步的心理，并在之后适当增加游戏的难度，同时给予鼓励和肯定来强化孩子的技能。

（三）教师多关注，积极鼓励同伴为其提供支持

孩子在校期间，接触最多的是同班同学，孩子彼此之间的支持会对小润的人际交往和语言表达有着良好的促进作用。小润的同学们在教师的指导下，大多能对小润提供支持和帮助，孩子们都是纯洁又善良的，加以引导会发挥比教师更好的作用。因此，有计划地开展活动，创设有利于孩子交往的客观环境，为孩子提供充分交往的机会，可以帮助孩子学会如何进行合适的同伴交往。比如，在小润的班内开展"我来帮助你"的主题活动，鼓励引导大家一起帮助、关心小润。鼓励班里的同学们都伸出援助的小手，教小润穿鞋子、穿衣服、做游戏等，也可以鼓励孩子们彼此之间互相帮助。这样小润一有困难就会有同伴去帮助他，他也不会感到被孤立。

 百宝箱

适合轻度孤独症儿童的小游戏

1. 游戏一：袜子找同伴

游戏说明：

找一些袜子，清洗消毒后随意放在干净的垫子上，然后让孩子根据不同的款式、颜色、大小对袜子进行配对。当孩子熟悉后，

家长可以故意增加难度，如放一两只落单的袜子，观察孩子的反应。

2. 游戏二：小小搬运工

游戏说明：

把草稿纸团成一团，让孩子用脚夹起纸球，从一个地方移动到另一个地方。这可以锻炼孩子的精细动作和平衡能力。

3. 游戏三：抓尾巴

游戏说明：

家长和孩子身后各绑一条尾巴（尾巴可以是绳子或者布条），然后面对面站立，相互扯对方的尾巴。谁先被扯掉尾巴谁就输了！

为了增加孩子的信心，刚开始游戏时家长记得要放放水，让孩子赢几局！

 小贴士

与孩子建立关系的小技巧

要想对孤独症孩子进行教育矫正，让孩子接受教师是前提。孩子在刚来学校时，由于不适应新的环境，可能会整天哭，甚至不让教师碰一下。刚开始教师在和孩子友好交谈时有很大概率会遭到孩子的排斥和反对。这需要教师首先理解这是孤独症孩子的特点，并非对教师或周围同学不满或者孩子不合群。教师需要保持耐心，坚持多次尝试，不厌其烦地学习孩子的语言、动作，用亲切的语言与孩子说话。

教师也可以用孩子平时喜欢吃的糖果、零食和最喜欢的玩具来帮助自己和孩子接近，从而降低孩子心理上对教师的抗拒。在心理上予以温暖的同时，教师还可以根据不同孩子的情况给予适当的身体接触，如平时多抱抱孩子、有空多陪孩子说话、带新玩具给他玩等吸引他的注意力。在满足孩子的某些需要后，可以时常摸摸孩子的头，拍拍孩子的肩膀，让孩子知道教师对他的喜欢。这时，孩子一般都很乐意接受教师的亲近。

（四）家校配合，共同进步

在特殊教育的领域里，不仅需要教师和专家的参与，更需要家长的参与。对小润这类孩子进行教育干预，教师需要与其家长共同商讨各项教育对策和训练措施，发挥各自的教育优势和特点，在实际学习和训练的过程中及时沟通，协调一致以最大程度帮助孩子提升各方面的水平和能力。家长对自己的孩子最了解，最能洞察孩子心理、生理和情绪的变化，最能了解孩子的所缺所长之处，最清楚孩子的现有水平和发展潜力，因此家长与学校教师配合能更好更快地帮助孩子积极适应。

以小润为例，具体而言，教师可以配合医生的诊断和干预，在学校帮助他逐步养成课上不离开座位的习惯；针对他表现良好的数学和英语科目，及时给予他关注和欣赏，使他获得成就感，同时循序渐进地增加他学习这些科目的时间，从而培养他耐心、专注的品质；在日常活动中对他多进行正面引导，稳定他的情绪，降低他发脾气、大哭大闹等不恰当情绪表达的频率，同时注意发现他的闪光点，及时给予他鼓励和表扬，使他获得成功的体验，从而提高他的自信心和自我效能感；尝试与他建立朋友关系，聊天讲小秘密，了解他的内心，让他感受来自教师的爱和关怀。对小润的家长，教师要积极地与他们沟通，了解小润在家的表现及家长的困扰，共情和正常化家长的焦虑、担忧，建议家长多陪伴孩子并了解孩子内心的想法和需求；及时向家长反馈孩子的在校表现，鼓励家长多肯定和欣赏孩子，多发现孩子的优点，建议家长双方要保持一致的教养方式，加强与孩子的沟通、交流，多为孩子创造与同伴交往的机会。

小贴士

给父母的 5 个小贴士

（1）成为孩子最好的支持者。当孩子确诊孤独症后，作为父母，我们要积极了解孤独症相关的各类信息，充分利用身边可用的所有服务和资源，做好孤独症相关的知识储备，从而更好地应对孩子可能出现的各种特殊情况。

（2）感受并谈论我们的情绪。得知孩子被诊断为孤独症，或是与孩子互动中常常感到挫败，我们可能会有迷茫、愤怒等情绪。出现这些情绪是很正常的，不要急着把这些情绪推开，试着去感受它们，谈论它们。

（3）明确愤怒是源于孤独症。当我们发现自己在与配偶争论孤独症相关的问题时，请记住，这个话题令我们双方都感到痛苦，注意不要跟对方生气，因为是孤独症让我们如此沮丧和愤怒。我们要多把注意力放在生活本身上，多和孩子、配偶共度美好时光，而不是时刻谈论孤独症。

（4）赞扬孩子的每一个小进步。爱我们的孩子，并为他们取得的每一个小进步感到自豪。我们要专注于他们可以做什么，看到他们的闪光点，而不是拿他们与其他孩子作比较。

（5）参与孤独症相关的组织活动。我们要积极参与孤独症相关的组织活动，认识并结交同样有孤独症儿童的父母，和他们保持联系，沟通交流育儿经验，这样，我们彼此之间都能获得来自对方家庭的支持，同时我们还能获得许多"老"家长的经验而少走弯路。

百宝箱

推荐阅读

（1）《1001 个自闭症儿童养育秘诀》，诺波姆、奇斯克，五彩鹿儿童行为矫正中心译，北京，北京师范大学出版社，2015。

（2）《自闭症儿童社会规则训练》，奥图尔等，倪萍萍译，北京，中国轻工业出版社，2016。

（3）《给自闭症儿童父母的 101 个建议》，米勒等，柴田田译，北京，中国轻工业出版社，2016。

（4）《孤独症青少年社交训练 PEERS 课程》，伊丽莎白，杜亚松、李改智译，北京，人民卫生出版社，2020。

第三节　社交焦虑

社交焦虑是儿童青少年在人际交往中常出现的情绪困扰。以下两个案例中的琴琴和彤彤就分别代表了两个不同年龄阶段容易出现的社交焦虑类型。

 案例一

孤独的琴琴

琴琴是一个性格文静、沉默寡言的初中 8 年级女生，目前在某寄宿制中学就读。琴琴母亲说琴琴是一个内向的孩子，平时路上看到熟人也不和人打招呼，说她两句她就脸红，下次更不敢打招呼。

事情发生得很突然，7 年级下半学期有一天，琴琴突然就不想上学了，打电话给母亲说自己胃疼，让她接自己回家，回家后给父母的理由是身体不舒服，胃疼，特别疼。父母带她去医院做了各项检查，没发现任何问题。送到学校，隔一两天，又说胃疼，再去医院，没事，再返校……如此反复，持续近一学期。第二学年开学后，琴琴拒绝返校，甚至把自己关在屋子里，不言不语，父母反复告求都没有效果。后来，琴琴发展到不再去看医生，不和父母聊，也不找同学玩儿……所有人际交往活动都戛然而止。

根据老师的描述，琴琴学业表现中等，能按时完成各项作业，但是几乎不与其他同学进行互动交流。琴琴虽然有一个玩得比较好的朋友，但她仍经常独自出入食堂和教室。老师从同学处了解到，7年级下半学期开始，班里新转来一个女生，这个女生与琴琴的好朋友玩得很好，那个好朋友和琴琴的交流便开始变少了。有次琴琴将好朋友约到操场，让好朋友在自己和新转来的女生中选择一个人做好朋友，琴琴的好朋友拒绝做出选择，自此好朋友与琴琴逐渐疏远，新同学与好朋友的关系却越来越好。老师也说琴琴似乎变得更加内向和害羞了，上课叫她起来读书她都会紧张得发抖，回答问题也总是出错。

琴琴也说自己老是答不出来问题，感觉同学们会看不起自己，这让她感到十分孤独，感觉自己被全世界抛弃了，从那以后她看人的时候头埋得更低了，会回避眼神接触，甚至走路时都觉得别人在看自己，好像在评价自己，然后身体就开始不受控地发抖、感到脸很热、出很多汗，有时还感到恶心、头晕，这让她根本无法静下心来学习，久而久之就不想去学校了。

琴琴母亲表示琴琴从小就特别乖巧，是亲戚朋友眼中听话的好孩子。琴琴的家庭教育以母亲为主，父亲一般配合母亲，琴琴母亲表示琴琴学习和生活中都很要强，只要自己认定的事情就一定会努力做到完美。琴琴母亲对琴琴的管教十分严厉，也经常教育琴琴不能落后；她对亲戚朋友的看法很在意，经常教导琴琴"做什么事都不能被别人挑出问题"；琴琴父母也经常和琴琴说"一个人只要一个方面表现得好了，通常各方面都不错，如果有一方面表现得不好，其他方面也会表现得不好。"

案例解析

需要关注的表现

本案例中，琴琴在人际交往方面存在一些困扰。琴琴学习态度认真、要强，在家长和教师眼里都是懂事的好孩子，但她性格内向，不善言辞，在人际交往中容易出现社交焦虑的表现，如回避眼神接触、脸红心跳、头晕恶心等。

社交焦虑的问题对琴琴的学习和生活造成了困扰，包括害怕与他人交流、感觉被评价、学业表现退步等，甚至出现身体上的不适表现。这些体验都容易进一步导致琴琴不愿意去学校、不愿意与人交流等。

从琴琴在学校的表现来看，琴琴开始回避眼神接触，无论上课还是课间，都把头埋得更低了，似乎比以前更加内向和害羞。和好朋友关系的变化让琴琴难以接受，她变得害怕与他人交往，甚至在上课期间读课文都会紧张得发抖，回答问题也容易出错，这让她担心同学和教师会看不起自己，认为自己会被所有人嫌弃，因此会更加紧张和焦虑而出现手心冒汗、身体发抖，甚至肠胃不适等情况。琴琴也会因此逐渐开始产生自我否定的情绪，她会认为自己不仅无法处理好人际关系，导致失去好朋友，还无法好好完成学业，获得教师和同学的喜爱。

从琴琴的家庭成长经历来看，琴琴一直以来都是内向文静的性格，不擅与人交往。琴琴父母在琴琴的人际交往中多采用说教的方式，在琴琴表现出害羞或退缩时，较少给予琴琴支持和鼓励，多以批评指责和命令要求为主，这可能导致琴琴也认为自己是胆小害羞的，因此在与他人的交往中也会更加退缩和回避。琴琴父母的教养方式属于专制型，他们对琴琴的心理和情绪发展关注得较少，这可能导致琴琴不敢表达感受，即使表达也不会被重视，因此负性情绪的积压多以躯体化反应的形式表现出来。

从琴琴自身的角度来看，琴琴比较内向，平时比较文静、沉默寡言，琴琴母亲也说琴琴是一个内向的孩子，路上看到人也不打招呼，说多了甚至会脸红。琴琴内心深处有着强烈的被他人认同的渴望，同时她也强烈担心自己被他人嫌弃和不喜欢。和好朋友关系的疏远是导火索，琴琴认为自己是不被喜欢的，她也无法让自己从中解脱出来。琴琴开始逐渐担心自己在课堂上出丑、害怕自己被教师和同学看不起，也害怕父亲失望的眼神和母亲严厉的批评。加上课堂上的表现确实受到情绪的影响，她开始担心自己会变得越来越糟糕，这一担心也让她更容易看到自己表现不好的地方，并会产生越来越多的担心和恐惧，如此恶性循环。

一、常见干预误区

面对琴琴的情况，家长和教师很容易将孩子出现焦虑、恐惧的情绪等简单地归因为孩子心理脆弱，无法应对挫折。有些家长可能会指责孩子，或者拿孩子与他人作比较，问孩子"为什么别的孩子都可以很好地应对挫折而你不行？"殊不知，这一比较的过程只会加重孩子的自我否定和挫败感，很难帮助孩子重建人际交往的技能和信心。实际上每个孩子的挫折耐受力不同，不能单纯地归因为心理脆弱等单方面原因。人际交往能力的培养是一个需要不断练习的过程，在某些场景下孩子不愿打招呼也是正常的，家长在此刻的负面评价会导致孩子的自我认同感降低。其实在这个时候，孩子会希望尽可能不暴露在人际交往环境下，也渴望得到成年人的理解与帮助。对于这种情况，使用批评、指责或强行要求孩子与人交往或返校的方式并不会改变孩子的状态，教师需要引导家长从孩子的角度了解社交焦虑和厌学等情绪产生的原因，并为孩子提供适当支持。

 小贴士

社交焦虑障碍

社交焦虑障碍(Social Anxiety Disorder，SAD)，也被称为人际交往恐惧症，常发病于青春期或成年早期，是一种对任何人际交往或公开场合感到强烈恐惧或忧虑的心理障碍。患者对于在陌生人面前或可能被他人仔细观察的人际交往或表演场合，有一种显著且持久的恐惧，害怕自己的行为或紧张的表现会引起羞辱或难堪。有些患者对参加聚会、打电话、到商店购物或询问权威人士都感到困难。一般人对参加聚会或其他会暴露在公共场合的事情都会感到轻微紧张，但这并不会影响他们的出席。真正的人际交往恐惧症会导致无法承受的恐惧，严重的案例里，患者甚至会长时间把自己关在家里孤立自己。

（资料来源：美国精神医学学会，2014）

二、推荐干预方向

帮助有社交焦虑情绪的孩子不仅需要家长和教师理解孩子的情绪感受和原因，有时候还需要家长进行教养方式的改变，来逐步促进孩子改善。具体而言，家长和教师可以从以下几个方向入手进行干预。

（一）觉察与调整家长的教养方式

家长的教养方式也在潜移默化地影响孩子的成长。不同孩子的性格表现不尽相同是很正常的，重要的是家长和教师在与孩子互动中传达出的应对方式及态度。有些家长觉得孩子不打招呼就是不懂事的体现，自己会没面子，因此对孩子大加批评；也有的家长担心孩子内向、未来不会人际交往，因此急于求成，逼着孩子去人际交往，最终适得其反。案例中的琴琴本身性格比较内向，在人多的时候如果家长批评指责琴琴胆小、害羞、不懂事，只会强化琴琴的退缩行为。面对本身不擅长人际交往的琴琴，需要根据她自身对人际交往的需求和期待进行适当鼓励，帮助她适应自己的节奏。如孩子不愿意打招呼时不勉强、不指责，私下询问孩子的想法和感受，鼓励她用自己觉得舒服的方式和他人互动或打招呼，如微笑、点头、握手等。孩子做出人际交往上的任何尝试，哪怕一小步，都要及时给予肯定和鼓励，这能帮助孩子逐渐树立信心。

（二）帮助孩子识别焦虑感受

孩子对于自己表现的反馈都是从他人的描述中获得的。而通常家长给出的反馈都会是直接的否定和评价，这会让孩子难以理解自己到底出现了什么问题，以及自己的感受是怎样的。不仅低年级的孩子对自己的情绪和感受的识别能力很弱，许多高年级的孩子甚至成人都无法准确描述自己的感受，而识别感受是帮助孩子恢复平静、增强应对能力的第一步。

例如，琴琴在班级里或者在人际交往的场合有比较强烈的"被关注感"，而这种感觉背后，琴琴往往觉得自己是被消极评价的，自己是不好的。也因为这种被指责和负面评价的感受让琴琴的内心充满着焦虑感。当家长和教师意识到琴琴的身体在颤抖或者是眼神一直回避和他人接触时，可以轻轻地拍拍琴琴的后背，让她感觉到自己和现实的连接，然后家长和教师可以帮助琴琴去体会当下的感受，甚至可以帮助琴琴去命名此刻的感受，如温柔地对琴琴说"我看到你现在好像有点紧张"，来帮助孩子意识到自己当下的状态，从而更好地提升他们的自我觉察能力，而这也是有效缓解焦虑的第一步。

（三）寻找焦虑和害怕的原因

在观察到孩子在人际交往或与他人互动中感到害怕和退缩时，家长需要在孩子平静时与孩子一起讨论孩子的焦虑来源，并与孩子一起分析是什么让他感到焦虑。如害怕见到某一类特定的人还是所有人？害怕的是什么场景？是演讲、打招呼，还是课堂发言？与孩子讨论他担心和害怕的是什么，是别人的评价还是嘲笑，抑或是其他？尝试采用开放式问题与孩子沟通症结所在并寻找应对方案。

就像案例中的琴琴，她因为和好朋友关系疏远而不自信，甚至害怕上课回答问题，觉得只要自己回答错了就会被嘲笑。我们要对琴琴甚至每个孩子做独立的、具体的分析，发现属于孩子自己的心理过程。具体分析有两个好处，一是可以帮助孩子具体化问题，有些孩子自己也很难明确让自己感到困扰的问题，父母提供的安全、抱持的环境能帮助孩子积极探索；二是让孩子意识到焦虑是可以被谈论和解决的，讨论的过程也是对社交焦虑脱敏的过程。之后根据孩子的情况与孩子一起探索应对方式，如围绕"下次遇到类似情况怎么让自己感觉好一些"进行头脑风暴，给孩子赋能，让他探索自身的积极资源帮助自己解决问题。

（四）识别焦虑背后的不合理认知

每个人都有不合理的认知，最常见的不合理认知包括非黑即白的想法如"如果同学不喜欢我，那就一定是讨厌我"，灾难化思维如"如果我脸红紧张就会被嘲笑和看不起"，对未来的错误预测如"我一定不行，我一定交不到好朋友"等。就像案例中的琴琴，她总觉得别人看自己就是在评价自己，就会因此看不起自己。对于小学高年级的孩子，我们可以与孩子一起用认知三栏表（见表2-1）分享和探索每个人在不同情境下的不合理认知，如"上课答不出问题很正常，不可能所有问题都会，不然也不会坐在教室里学习了""不想与人打招呼只是现阶段没准备好，没什么关系"。让孩子知道不打招呼并不意味着自己胆小，而是每个孩子的表达方式不同。随着不断地探索，孩子会越来越快地识别出自己的不合理认知，越快识别也能越快发现这个不合理认知带给自己的伤害，并能及时采用替代性想法取代不合理认知，降低不合理认知对自己的负性影响。

 百宝箱

认知三栏表

了解自动化思维的概念及特点，区分想法与情绪，区分想法与事实，区分情境—情绪—想法，学习命名情绪，评定情绪强度。

表 2-1　认知三栏表

情境	自动化思维	情绪及其强度评分
让自己不愉快的事件、想法、回忆	1. 记下伴随情绪出现的想法、画面 2. 对自动化思维的相信程度（0～100%）	1. 说明情绪反应 2. 情绪的强烈程度（1～100）
如：上课回答不出问题。	如：我太笨了，别人一定都很鄙视我，看不起我。	紧张：85 焦虑：95 担心：80

（资料来源：贝克，2013，有删改）

（五）练习用正向的想法替代不合理认知

帮助孩子意识到自己的不合理认知会影响情绪后，家长和教师可以与孩子一起探索替代性想法来帮助孩子改善自身情绪（使用认知五栏表，见表 2-2）。例如，"如果同学不喜欢我，那就一定是讨厌我"，让孩子意识到这是一个非黑即白的不合理认知，她要马上提醒自己"他或许不喜欢我，或许对我根本没什么印象，更谈不上讨厌了"，还要让她意识到"如果我脸红紧张就会被嘲笑和看不起"是一个灾难化思维，可以让她试着告诉自己"脸红了他们可能也不会看出来，就算看出来了也很正常，他们只是觉得我是一个上台会紧张的普通人，我用回答的内容转移他们的注意力就好了"。陪孩子一起探索她的替代性想法，用家长和教师也觉得合适的方式写下来或者说出来。用新的想法代替旧的想法后与孩子确认情绪分数的变化及变化的原因，看孩子是否因想法的改变觉得舒服一些。在认知三栏表的基础上，进一步帮助孩子认识不合理认知的类型，探索什么是合适的反应，发现旧有思维模式的不足，想象认知改变后可能的结果，从而获得力量。

 百宝箱

认知五栏表

在认知三栏表的基础上，启发思维探索替代性想法，重新评定情绪类型及强度。

表 2-2　认知五栏表

情境	自动化思维	情绪及其强度评分	替代性反应	结果
让自己不愉快的事件、想法、回忆	1. 记下伴随情绪出现的想法、画面 2. 对自动化思维的相信程度（0~100%）	1. 说明情绪反应 2. 情绪的强烈程度（1~100）	1. 有哪些不合理认知 2. 写下对自动化思维的合理回答 3. 对合理回答的相信程度（0~100%）	1. 现在你有多相信每一个自动思维？ 2. 现在的情绪、强度如何？ 3. 你会做什么？或做了些什么？

续表

情境	自动化思维	情绪及其强度评分	替代性反应	结果
如：上课回答不出问题。	如：我太笨了，别人一定都很鄙视我，看不起我。	紧张：85 焦虑：95 担心：80	脸红紧张他们可能也不会看出来，就算看出来了也很正常，他们只是觉得我是一个上台会紧张的普通人，我用回答的内容转移他们的注意力就好了。（80%）	1. 不太相信了。 2. 紧张：50 焦虑：50 担心：30

（资料来源：贝克，2013，有删改）

（六）寻找缓解焦虑的小技巧

当人们感到焦虑时，身体会有各种反应，如呼吸急促、心跳加速、肌肉紧张、手心出汗、头晕、胃痛等。这些身体上的反应又会加剧人们对焦虑的主观感受，从而形成恶性循环。家长和教师要做的是打破这个循环，通过教给孩子一些缓解焦虑的技巧并陪着孩子练习来帮助孩子平复焦虑的情绪。常见的方法有调整呼吸、转移注意力、冥想等。

百宝箱

缓解焦虑的小技巧

1. 干预呼吸

(1)4/8 呼吸：吸气数到 4，呼气数到 8。只要保证呼气比吸气长就行，具体的 4 和 8 可以更改为最适合自己的比例。

(2)腹式呼吸：站位或坐位，一只手放在腹部，一只手放在胸部。吸气时，尽力挺腹，胸部不动，只尽力吸气，吸到无法再吸，感受气息经过胸部到达腹部，想象腹部如同气球一般充气、鼓胀，放在腹部的手因腹部的起伏而起伏，而放在胸部的手基本不动；呼气时，收紧腹部肌肉，腹部内陷，想象气球放气，保持呼气，直到不能再呼为止。每分钟呼吸 7～8 次，每次 10～15 分钟。

2. 肌肉渐进式放松

保持双脚完全着地，用力攥紧拳头，双脚用力踩地的同时脚趾用力抓地。逐渐放松力气 5～10 秒，之后重复 2～3 次。

3. 认知调整法

帮助孩子调整不合理认知，用积极正向的认知代替不合理认知。

调整前：她不和我玩一定是因为我不够好，没有人会喜欢我。

调整后：她只是今天不想和我玩，我也偶尔会和别人玩，我们可以适当保持距离，我们也还是好朋友。

调整前：他们都笑话我，一定是觉得我很丢人。

调整后：他们笑是因为课堂太无聊，我的回答让大家提起了精神。

4. 呼吸冥想

可以每天陪孩子做一些 5～10 分钟的正念或冥想的减压练习，这能够有效帮助孩子恢复平静和放松状态。

5. 注意力分散法

尝试教会孩子停止思考无法改变的事实，转而去做他自己喜欢的事，如听舒缓的轻音乐、打一场球、画画等。

（七）将注意力从自身转移到他人身上

如前面所说，社交焦虑的恐惧是围绕"别人怎么看我"，此时关注的焦点往往是自己，包括自己的表现、外貌和不足等。如案例中的琴琴，因为把所有的关注点都放在了自己身上，所以很容易担心自己被别人嫌弃和看不起。家长和教师可以提醒孩子："一般我们都容易对自己的行为更加在意，总觉得别人在关注自己，担心自己表现得不够好，但实际上大家都在忙着关注自己而并非时刻关注别人，所以很多你自己觉得不够好的细节，也许别人根本注意不到。"还可以提醒孩子："当你和他人交流感到紧张时就提醒自己把注意力放在他人身上，不要关注自己是不是说错了话，把关注自己变成关注和你讲话的人，如对方的表情、身体语言、声音和语调等。试着集中注意力听对方讲话，并追问一些问题，这一过程可以帮助你平静下来。"

 案例二

难以分离的彤彤

彤彤今年6岁了，是一个刚开始上小学的女生。她进入小学已经有一周的时间了，但每天睡前都会哭闹说自己不想上学并要求母亲陪睡，每天至少折腾一个小时。彤彤会频繁地和母亲说"妈妈我不要和你分开""我不要去上学，上学会发生可怕的事情"等。母亲不管怎么安慰彤彤，似乎都无法将她安抚。彤彤每天早上从起床一睁眼就开始哼唧，把她送到学校门口她就开始号啕大哭。老师把彤彤带进校门，彤彤就会抓着学校围栏哭着说"妈妈不要走，不要扔下我"，就算母亲走远看不到也不会停止。

老师说彤彤进入班级后哭一会儿后开始好转，白天一天在学校什么事情都没有，不哭不闹，也不像早上的时候情绪波动那么大，只是偶尔有一两次说想母亲而哭泣，也没有哭超过 5 分钟，但只要见到母亲，她的眼泪就像决堤的洪水，她好像受了天大的委屈。每天都这样重复一遍，形形的母亲感到精疲力尽，用了很多办法来缓解早上告别的痛苦，效果都不明显。有一次父亲送形形上学，形形没有号啕大哭，只是有些坐立不安地看着他，轻声哭了几声，父亲走的时候她有些魂不守舍。老师观察到形形在上课期间也较难集中注意力，课间大多数时候都自己待在座位上，较少与其他小朋友交流。

老师了解到，形形家里还有一个两岁的弟弟，平时母亲全职在家照顾两个孩子，父亲由于工作忙很少照顾家里。形形母亲表示，形形之前有尝试过上幼儿园但最终失败了，原因是每次去幼儿园形形都会说自己身体不舒服，不是肚子疼，就是头疼。母亲频繁带形形看医生，但始终也没看出什么来。形形母亲因为担心形形身体出问题，所以最后决定不让形形去幼儿园了，自己全职管教形形。形形的状态平稳了一段时间后，形形的弟弟出生了，弟弟的到来也给形形带来了很多影响，她的脾气变得更古怪了，更加依赖母亲了，生怕母亲只要弟弟不要自己。

 案例解析

需要关注的表现

本案例中，形形存在典型的分离焦虑的表现。形形的分离焦虑从其难以和母亲分开，独自上幼儿园就表现出来了，多以躯体症状（肚子疼、头疼）为主，并伴随着在家对母亲极度的依赖。在上小学后，形形的分离焦虑再次显现，主要表现为拒绝一个人入睡，不愿意和母亲分离，对分离后的安全情况担忧，不愿意去学校，如果分离会出现剧烈的情绪波动。

从生理层面来看，焦虑可能和生物遗传学因素有关。一方面彤彤的家庭成员可能存在焦虑的特质，而彤彤遗传到了这个部分就更可能有表现出焦虑的倾向。另一方面，可能是彤彤在成长发育过程中，大脑里的去甲肾上腺素和血清素出现了不平衡的情况，使得彤彤表现出焦虑的状态。

从家庭因素来看，孩子从小的依恋关系、家庭结构的变化、家庭成员对待家人的态度等都会影响孩子的情绪状态。由于对彤彤成长过程的信息了解得不多，因此无法直接判断彤彤的依恋风格，但是从彤彤幼儿园就表现出分离焦虑可以推断，彤彤也许属于不安全型依恋。这类孩子在成长过程中容易在主要照料者离开后出现强烈的情绪波动，并且无法及时进行自我安抚和情绪调节。除此以外，当彤彤通过自己的躯体化症状成功引来母亲的关注和退让后，这样的行为就会被强化；彤彤的分离焦虑状态虽然在不用去上幼儿园后暂时缓解，但本质的焦虑并未消失，因此在其需要面对上小学这件事时重新爆发出来。另外，家庭结构的变化也在影响彤彤的安全感，弟弟的出生让彤彤感觉自己的地位受到威胁，她可能需要通过拒绝去学校的方式来争夺母爱，确保母亲还是一直爱自己。

从环境因素来看，应激事件也会促发分离焦虑。由于是新学期刚开始一年级的小学生活，彤彤对学校的陌生感、对同伴的陌生感、对教师可能设定的规则等都会表现出不适应的状态。学校生活和家庭生活是完全不同的，彤彤一直都生活在被母亲照料的家庭当中，缺少和同伴相处的人际交往经验，也对在校学习的状态缺少体验，因此当彤彤跳过幼儿园直接去学校时，这对她是一个很大的冲击，可能让她出现适应困难。

 小贴士

分离焦虑

分离焦虑是指个体因与其依恋对象分离而引起的焦虑不安或不愉快的情绪反应。小学生的分离焦虑主要表现为不愿上学，不愿离开家长，担心家长出意外，担心自己走失或被拐走等。

一、常见干预误区

面对孩子的分离焦虑表现，如在学校门口大哭大喊，抱着父母不撒手等，许多家长容易出现两种不太恰当的应对方式。一种是劝说或者吓唬孩子不要哭，如说"再哭我就不要你了"。这样的恐吓是在给孩子施加一种价值条件，传递的含义是"哭是不对的，如果哭的话就会被抛弃"。这种方式不仅会加深孩子的恐惧和害怕心理，还会让孩子失去一个表达情绪的通道。另外一种回应方式是因为担心孩子有心理阴影而心软，父母一看到孩子哭就束手无策，不多久就抱着孩子回家了。孩子是很聪明的，当他们逐渐认识到只要哭就可以不去上学，就可以和父母分开，那他们就更容易习得这样的方式来达成他们的愿望。

二、推荐干预方向

对分离焦虑的干预方法和对焦虑的干预方法有类似之处，但也有区别。面对彤彤这类分离焦虑的孩子，家长和教师可以从以下几个方向入手进行干预。

（一）正确认识分离焦虑

分离是每个孩子和家长迟早都会遇到的，就算是成人，在与心理依恋对象分离时都可能感到焦虑，更别提孩子了，所以我们要正确看待分离焦虑。孩子刚出生非常依赖抚养者的照料，但随着孩子的成长，其生理发育、自主能力、认知能力、人际交往能力等各方面都在飞速变化，而和主要抚养者的分离是其成长过程中的必经之事。但并不是所有的分离都可以被很好地接受，有些孩子在面对分离的时候会因为生理、家庭和环境等因素而比其他孩子更难接受分离。因此，面对分离焦虑，家长和教师需要对个体有不同的预期，就如同本案例里的彤彤，她在幼儿园阶段就经历了比较明显的分离焦虑，这说明彤彤本身比较敏感，面对分离需要做更长久的准备。父母需要在理解彤彤的担心和害怕时更耐心地对她的情绪展现出一定的包容性，并且能温暖而有力地安抚她，降低她的焦虑感。当彤彤在分离时表现出对父母的不舍，父母和教师要有一定的心理预期，理解她可能比其他同龄孩子需要更久的时间来适应和缓解自己的不安感。当成人降低了预期，提高了对分离表达的耐受度后，就能更好地用平常心来面对孩子的情绪波动了。

（二）根据焦虑的原因选择合适的应对方式

每一种分离焦虑背后都有其独特原因，而焦虑这一情绪本身也有一定的功能，只有在理解焦虑独特的意义之后才能找到合适的应对方式。拿本案例里的彤彤举例子，她的分离焦虑可能源于以下几点：第一，彤彤最初的焦虑主要通过躯体化的方式表现出来，她的身体可能在发送信号告诉彤彤她内在的一些不安，这样的焦虑可能是求生本能的体现；第二，和同龄人相比，彤彤面对新环境的应激反应过强，这让彤彤一直处于过度的不安当中。在了解彤彤分离焦虑的工作原理后，家长或教师可以以小故事的形式帮助彤彤理解其身体反应出现的原因，正常化彤彤的部分焦虑，让彤彤对自己的身体反应有更好的控制力，降低焦虑感。

 百宝箱

推荐阅读《汤普森心理童话书》

这是一本学校教师、家长都可以读给孩子听的童话故事书。书里用了大量的隐喻故事来教孩子如何使用放松技巧和自我调节方式来控制一些无法控制的心理难题。其中，书中的很大一部分内容是和焦虑相关的，阅读这部分的内容可以让孩子很好地理解自己所经历的事情，并且运用其中的方法来帮助自己。

彤彤的分离焦虑还可能与害怕失去母爱，害怕自己的离开会导致母亲将关注重心全部转移到弟弟身上，担心母亲出意外等有关。彤彤的这些担忧一部分和弟弟的出生有关，因为新生儿的特点，原本一心一意照顾彤彤的母亲难免会将较多时间分配给新生命，这种母爱的被瓜分让彤彤的安全感受到了挑战，而去上学要离开家这件事对彤彤而言就更加容易被解读为自己被抛弃了，母亲不要自己了。家长可以通过设定固定的亲子时间、创造给彤彤的独一无二的亲子活动等方式让彤彤感受到自己是家里不可或缺的成员，父母对她的爱也不会改变。同时，这些特殊的活动也可以和彤彤去上学这件事关联起来，让彤彤觉得去上学是件很特殊而有意义的事情，从而让彤彤对学校有积极的期待。

（三）建立心理预期，平稳进行过渡

除了前述的焦虑应对方式，对每个要离家上学、要经历适应期的孩子而言，都可以通过提前建立心理预期，打好预防针的方式来预防分离焦虑。如对于要上小学1年级的孩子而言，家长可以通过提前带孩子熟悉校园的每一个角落，如教室、操场、卫生间（有的学校甚至会有VR的小应用，可以足不出户地了解学校的风貌）来了解校园的环境，降低陌生环境给孩子带来的紧张感。教师可以提前通过家访的方式了解孩子的成长环境和特性，提前认识孩子，降低孩子对教师的陌生感。教师还可以和家长配合提前告知需要准备的文具或教具，通过让家长和孩子一起准备这些学习用品的方式来调整孩子即将要上学的心态。家长还可以和孩子描绘自己当年上学的趣事，设置有意思的小挑战来激发孩子对学校的兴趣。

 小贴士

面对分离"四不要"

（1）不要用学校吓唬孩子。很多家长会在平时孩子不听话或者哭闹时吓唬孩子"再哭我就把你送到幼儿园"，这不仅不会制止孩子的哭泣，反而会增加他们对学校的恐惧和排斥感。

（2）家长不要带头传递焦虑。在临床观察中我们发现，不仅孩子有分离焦虑，很多家长也有。看到孩子在门口哭得撕心裂肺，家长比孩子还要着急和担心。应对孩子的分离焦虑，家长首先要放下自己的焦虑情绪，处理好自己的分离焦虑，如担心孩子吃不好、睡不好、玩不好等。教师也要帮助家长觉察他们自己的焦虑，让家长自己保持平和的心态，做好充分的准备。

（3）不要用欺骗的方式把孩子骗去上学。很多家长每天面对孩子的哭闹会采用欺骗的方式让孩子上学，这不仅不尊重孩子的真实感受，还会破坏和影响孩子对家长的信任感。最好的方式是鼓励孩子主动告别，并准确告诉孩子什么时候会来接他。

（4）孩子进校后，不要一直在校外观察。家长因为担心孩子会长时间驻足校园门口，孩子看到后会哭得更凶。家长要做的是相信教师有经验能处理好孩子的情绪，而不是在门口等着。

第四节　青春期亲密关系探索

青春期的一个很重要的人际关系议题就是亲密关系。小爱作为高中 1 年级的学生就经历了一场"早恋"风波。接下来让我们看一下小爱具体遇到了什么并思考我们可以怎样帮助她。

 案例

"早恋"风波

小爱今年 16 岁，是一个文静乖巧的小姑娘，正在读高中 1 年级。自从开始高中生活后，小爱发现，跟初中生活不一样，高中同学们开始出现越来越多的异性交往；男同学与女同学之间频繁课间聊天、放学一起回家、中午在校园散步，"出双入对"的现象越来越多；同学们之间也会开始攀比谁收到的"小纸条"比较多，谁是班上最受异性欢迎的人，等等。

小爱学业表现一直不错，在班上一直是老师表扬的对象，但是渐渐地小爱也渴望能在男同学之中获得不错的评价。这学期开学后，小爱每天都和隔壁班的男同学小辰一起回家。跟与女同学的交往不太一样，小辰总是能用很幽默的回应把小爱逗笑，让小爱因考试没考好或和母亲闹矛盾等而产生的负性情绪一扫而光，两人的关系也逐渐拉近。然而，这件事被小爱的母亲发现了，她断定孩子"早恋"了，并立即将此事告诉了孩子的父亲。小爱的父亲是一个脾气十分急躁的人，平时对小爱的学业表现就期望很高，管教很严厉，经常在小爱学业表现不佳的时候责骂她。在得知小爱"早恋"后，小爱的父亲暴跳如雷，在不跟孩子了解情况的前提下，对小爱一顿责骂，甚至批评小爱不自爱，以谈恋爱严重影响学习等要求小爱立即停止和小辰的一切来往，否则要立即给小爱办理转学。

小爱对父亲的粗暴态度表现出坚决的反抗，跟父亲大吵一架，直接拒绝了父亲的要求，父亲情绪激动中甚至出手打了小爱。小爱大哭一场，愤怒地表示"你永远都不会理解我"，同时打算离家出走。小爱母亲目睹激烈的父女冲突非常无奈，只能找到小爱的班主任，希望班主任能够帮忙劝小爱并调和父女关系。

 案例解析

需要关注的表现

从 11~12 岁开始，到 17~18 岁这段时间，称为个体发展的"青春期"。一般而言，青春期开始于初中阶段，但也有孩子在小学 5、6 年级就开始表现出青春期常见的身体和情绪变化了。

青春期发展的主要特征之一就是身心发展不平衡。在这个阶段，青少年身体的各个方面迅速发育并逐渐达到成熟，生理的发育会让他们觉得自己已经成年，并因此希望能获得更多的自主权；然而他们心理各方面的发展相对生理发展略显滞后，在情绪调控、人际交往、问题解决等方面都还未达到比较成熟的状态。这种生理和心理发育状态的不一致容易让青少年陷入困境并体验挫败感。

青春期的另一个特征就是对异性表现出更多好奇，并开始尝试建立一些亲密关系。青少年渴望通过模仿成人的异性交往行为，如"组CP（情侣）""出双入对"等模仿恋爱关系，在心理上获得一种"成人感"，这同时也是建立自我认同、提升自信的一种方式。

从生理心理发展特点来看，小爱今年16岁，正处于人生中一个非常重要的阶段——青春期。这个阶段的青少年，身体开始逐渐发育，也会逐渐开始对异性产生好感和好奇心，如小爱渴望自己在异性中是受欢迎的，也渴望自己可以获得男同学的喜爱和欣赏，渴望证明自己有与异性建立友谊甚至亲密关系的能力。

从人际关系的角度来看，小爱一直以来学业表现优异，获得家长和教师的一致好评。学习之余，小爱也渴望通过建立一些亲密的、互相支持的人际关系来给自己增添一些快乐时光。异性之间的交往可以给小爱带来不同性别的新视角，这不仅增加了她对异性的了解，还可以让她从不同的角度思考同样的问题。小爱向小辰倾诉学习压力和母女矛盾时，小辰能比较好地倾听小爱的烦恼，甚至幽默地帮助小爱应对这些烦恼。这些同龄人之间的倾听和情绪支持是青春期孩子较难从与家长或教师的权威关系中获得的，因此这种关系对小爱来说非常重要。当父亲武断地要求小爱断绝与小辰的关系时，小爱异常愤怒，甚至不惜以离家出走作为威胁。这反映出小爱非常珍惜同龄人的理解和陪伴，同时也对父亲的强权愤怒和失望。

从家庭层面来看，家长与小爱的沟通呈现出比较明显的单一和不足的特征，孩子与家长没能建立起相互信任的关系。处理矛盾的时候，家长比较简单粗暴地直接表达情绪，造成无效沟通，也进一步伤害了亲子关系。如小爱的母亲关注到孩子可能出现"早恋"的现象，这点表示母亲在细心地关注孩子的行为，但母亲在关注到这些行为后，未试图通过好奇地询问去了解孩子行为背后的情感需求，而是简单地标签化异性交往为"早恋"，并第一时间通知情绪上更加暴躁的孩子父亲，而这个行为直接激化了家庭矛盾，并造成了矛盾升级。

一、常见干预误区

很多家长因为爱子心切，往往容易一看到孩子的"错误"行为就焦虑爆棚，给孩子的行为定性，并且立即采取行动，试图"纠正"孩子不恰当的行为。但是这个时候家长恰恰丧失了一个了解孩子行为背后真实需求的机会。而这种只在乎行为，而不关心和倾听孩子内心的真实感受的表现会让孩子感觉父母其实并不真正在乎自己，甚至感觉到父母并不爱自己，由此很可能在情绪恶化后采用更加过激的行动，进一步恶化亲子关系。

除此以外，家长往往容易使用简单粗暴的"提要求"的方式来对孩子的行为进行干预。家长希望青春期的孩子能像以前一样平静、听话，在家长的压力下可以立即发生行为上的改变。但是我们看到，孩子出现各种各样家长不喜欢或者不理解的行为背后，有很多心理原因。站在孩子的发展发育阶段、认知和心理发展水平来看，这些心理原因或者心理、情感需求是有一定合理性的。作为孩子最重要的抚养者和监护者，家长在制止孩子的不恰当行为的同时，还必须考虑孩子的合理需要有没有替代性的满足方案，家长有没有给予孩子充分的情感上的理解、共情和陪伴。

二、推荐干预方向

针对孩子青春期的亲密关系探索，家长和教师往往需要共同配合，在基本了解心理健康教育知识的前提下理解孩子的行为，给予孩子合适的陪伴，具体可以从以下几个方向入手进行干预。

（一）家校联合，客观了解青春期的表现

对于青春期孩子的心理健康支持和干预，家校联合是关键。家长和教师在了解正确的心理健康教育知识的基础上，可以将家校联合的作用发挥到最大。首先，在充分尊重孩子隐私的前提下，家长和教师可以充分交换信息，形成对孩子更全面、立体的了解。这里要注意，需要交换的信息，主要是观察类信息，而切忌交换评价类信息，以免给孩子乱贴标签。如本案例中，母亲基于小辰和小爱关系比较亲近的表象就直接评价他们为"早恋"，这就是通过成人的认知和道德标准做出的评价。这些不恰当的评价非常容易伤害青春期孩子的自尊心甚至是自信心。而观察类信息则是指通过观察孩子获得的关于孩子行为、情绪、情感状态等的描述性信息或对孩子行为模式、应对模式及情绪应激模式等的总结性信息。这些观察类信息对于家长和教师了解孩子在不同环境中呈现的不同状态的了解非常有帮助，可以帮助家长和教师了解孩子在学业表现之外的人际关系功能水平的高低、基础情绪状态是否过于抑郁或焦虑等。

（二）真诚沟通，倾听和理解孩子的行为

在对孩子的情况有比较充分全面了解的基础上，家长和教师可以和孩子进行真诚的沟通。这个沟通的目的，并不是像前面常见干预误区中举例的，以说

教为主，或是以改变孩子行为为目的。真诚沟通的最主要目的是倾听和理解孩子。如果可以，请先不带任何先入为主的偏见和评判让孩子表达，倾听他们的处境、想法、情绪和感受。比较常见的有效的倾听技巧，包括重述孩子刚刚表达的内容(这并不代表家长认同这些内容)，总结孩子表达的情绪、感受和观点，或者用成人的语言帮助孩子顺畅地表达等。请注意，重述最重要的功能是让孩子感觉到自己的话真的被人听到了。而这种"被听到"的感觉，已经足够鼓励孩子继续表达内心的真实感受了。在沟通中，家长可以尝试了解孩子是怎么看待自己跟异性同学频繁来往的，除了开心，还可能有些什么感受，或许也有担心，也有不确定的迷茫等。而只有这些感受被孩子充分表达后，孩子才可能冷静下来，启动大脑的认知资源，来理解和分析自己的行为跟学习之间的关系等。只有这个时候，家长和孩子才有可能重新站在同一条线上寻求共同立场的建立。

(三)科学提供青春期性教育及心理健康教育

青春期是人生一个非常重要的发展阶段，这个阶段伴随着重要的生理变化，以及因为这些生理变化而产生的心理变化、特点等。青春期的孩子非常迷茫，常陷入各种问题中无法自拔。家长和教师要在科学地学习了这个阶段的重要医学及心理学知识后，给予孩子科学的青春期性教育及心理健康教育，让孩子身处这个重要发展阶段的时候能够明白自己身上正在发生什么，自己为什么体验到很多以前从来没有体验过的情感、情绪等，也理解这只是每个人发展的一个必经阶段，而不是自己"病了""做错事了"或者"我不够好"等。这些对自己正在发生的事情的理解能够很好地维持青春期青少年的心理健康水平，并提高他们对负面感受的耐受性。

 百宝箱

推荐阅读

《解密青春期：陪孩子平稳度过 10～18 岁》，方刚，北京，东方出版社，2021。

(四)直接给予孩子情感支持，增加学习之外的陪伴时间

维护亲子关系最有效的办法，是家长能够回应孩子的情感需求，并且能够在学习之外的时间给予孩子更多陪伴。而做到这一点，家长需要持续保持对孩子情绪的关注、察觉与尊重。在准确判断孩子当前的实际情感需要的前提下，如需要被鼓励、感觉安全、感觉被信任等，直接给予孩子相应的情感支持，并且对孩子抱有信心，相信孩子在这些情感需要被满足后，也会愿意和容易回到一个更平和、冷静的状态跟家长交流。例如，本案例中，小爱在平时生活中会遇到一些学习上的压力，也有来自和家人相处的不悦。如果小爱的父母在平时就能察觉到小爱的压力，并且通过陪伴给小爱减压，让小爱感觉到父母也是自己可以倾诉的对象，小爱和父母之间的信任关系可能会更稳固，彼此之间的误会和冲突也会减少。同时，小爱在对异性有懵懂的好感时，也更容易与父母敞开心扉地沟通自己在青春期情感上的困惑。另外，如果家长愿意，可以试着跟孩子约定每星期或每月一个固定的时间，逃离学习的"折磨"，一起去做一项双方都很愉悦并享受这个过程的游戏、运动或其他娱乐活动等。这种活动对于关系的修复、压力的缓释，以及亲子关系的巩固都有非常大且直接的帮助。

第三章
家庭关系议题

家庭是每个人生命中都必然会出现的关键词。与成人相比，对于儿童青少年而言，家庭不仅决定了他们所能获得的情感支持的多少，而且往往会影响他们的衣食住行和教育资源等基础生活条件。通常来说，一个家庭给予孩子的情感支持和生活条件可能并不是一成不变的。在儿童青少年成长的过程中，儿童青少年的身心都会发生巨大的变化，而家庭也在变化。在某些情况下，这两个变化之间的联系会非常紧密，并对家庭关系产生一些积极或消极的影响——例如，进入初中后孩子开始有想要独立的想法，其与家长之间的沟通和相处模式可能会发生翻天覆地的变化，家长对此的适应性的调整情况以及孩子自身特有的"叛逆"表现，都会对家庭关系和氛围产生影响；又或者是家庭结构的变化影响了孩子自身及家庭关系，如父母离婚、家庭重组、二孩或丧亲等。

事实上，儿童青少年与家庭的纠缠并不是在进入小学后才突然产生，从孩子出生的那一刻起，一个家庭的故事便开始书写了。从抚养者的角度来说，孩子与父母或其他抚养者之间的依恋关系的质量和抚养者的教养方式都会对孩子的心理产生重要且深远的影响，如孩子的自尊、自我认同感和成就感等。这些影响通常从学龄前期开始，持续至小学、初中和高中时期，并进一步对儿童青少年的行为和学业等方面产生影响。

 小贴士

依恋

依恋一般被定义为婴幼儿和他的抚养者（一般为父母）之间存在的一种特殊的感情关系。艾斯沃斯（Ainsworth）提出陌生情境测验，将婴儿的依恋关系主要分为 3 类：

（1）安全型依恋：这类婴幼儿与母亲在一起时能舒心地玩玩具，并不总是依附母亲，当母亲离去时，明显地表现出苦恼。当母亲回来，会立即寻求与母亲的接触，很快平静下来并继续玩游戏。

（2）不安全型依恋，回避型：这类婴幼儿在母亲离去时并无紧张或忧虑，母亲回来，他们亦不予理会或短暂接近一下又走开，表现出忽视及躲避行为，这类婴幼儿对接受陌生人的安慰与母亲的安慰没有差别。

（3）不安全型依恋，反抗型：这类婴幼儿对母亲的离去表示强烈反抗，母亲回来，寻求与母亲的接触，但同时又显示出反抗，甚至发怒的表现，不能再去玩游戏。

（资料来源：谢弗，2016，有删改）

 小贴士

教养方式

鲍姆林德（Baumrind）等研究者在对学前儿童和其父母进行研究后，根据回应性和要求两个维度，提出了四种类型的教养方式（见表 3-1）。回应性是指父母对孩子爱与关怀的程度，要求是指父母对孩子的要求和管教程度。

表 3-1　鲍姆林德教养方式分类表

	低要求	高要求
低回应	忽视型教养方式	专制型教养方式
高回应	放任型教养方式	权威型教养方式

（1）权威型教养方式：一种灵活的、民主的教养方式。温暖、接纳的父母给予孩子一定的自主权，让孩子决定如何更好地迎接挑战和遵从规则，同时提供指导并对孩子的行为有所控制。

（2）专制型教养方式：一种限制性的教养方式。父母为孩子设定许多规则，希望孩子能够严格遵守，依靠权力而不是道理迫使孩子顺从。

（3）放任型教养方式：一种父母几乎不对孩子提出要求的教养方式，父母很少控制孩子的行为。

（4）忽视型教养方式：一种父母对孩子没有明显的情感回应，也没有特定的期待与要求的教养方式。亲子关系较为冷淡。

（资料来源：Sarwar，2016，有删改）

因此，无论是家长还是教师，在讨论儿童青少年的家庭关系时，一方面要考虑儿童青少年的身心发育水平、所处的发展阶段、家庭成员和家庭结构等发生的变化；另一方面要考虑过去成长经历和家庭背景对当下的影响，虽然过去的故事无法被改写，但在尽可能地看到故事的全貌后，能够更好地理解儿童青少年家庭关系问题的起因、经过和结果，并以此找到解决问题的方法，从一个新的角度去书写接下来的家庭故事。

第一节　儿童青少年家庭关系特征及指导策略

一、儿童青少年家庭关系特征

儿童青少年的家庭关系在不同时期具有不一样的特点，具体如下：

（一）小学阶段（6～12 岁）

从这一阶段开始，学习开始进入孩子的生命中，成为家庭生活中不可或缺的重要部分。在生活中，我们经常能看到家长对孩子的学业问题产生多种多样的焦虑，包括低年级孩子的入学适应问题、低年级到高年级的学业适应问题、小升初的升学焦虑以及厌学、逃学或网络成瘾等与学业表现有关的问题。家长与孩子的日常交流离不开学习问题，并由此可能引发许多家庭矛盾。除了学习问题这一外显问题，一些更深层次和隐蔽的问题可能会被我们忽略，如孩子较低的自尊水平。在这一阶段，孩子自尊的建立处于非常关键的时期。此时孩子与家长的关系依旧十分密切，依赖家长的照顾、关注和支持，因此孩子的自尊在很大程度上仍受到家长的影响。

孩子的自尊水平和学业成就作为这一阶段的两大命题，彼此之间存在着密切的联系。通常来说自尊水平越高的个体，其学业表现越好。它们的发展会受到种种因素的影响，包括孩子自身的特点、家庭关系、学校环境和同伴关系等。其中，主要的家庭关系因素有以下三点。

第一，家长早期不同的教养方式可能会对孩子的各项表现，如自尊水平和学业成就，带来截然不同的影响。在权威型教养方式下，孩子不仅具有更强的创造力、人际交往能力和领导能力，而且具有较高的道德感和自尊水平，学业成就也相对更高。相比之下，在放任型教养方式下，孩子的自我控制能力较差、学业成就较低，更可能出现不良行为甚至反社会行为；而在专制型教养方式下长大的孩子的智力和社会技能也处于一般或以下水平，但会比放任型教养方式下的孩子更遵从规范。需要特别注意的是，许多家长在对孩子的未来充满担忧的同时也充满着高期待——"我是为你好""我在用我的人生经验为你铺路"。这是一种充满"爱意"的专制，其最危险的部分就在于家长或许并不知道，他们在无意间给孩子施加了许多控制和要求，孩子也会因此感到更加矛盾——"这是真的爱吗？"

第二，从依恋角度看，与不安全型依恋的孩子相比，安全型依恋的孩子在入学后会表现得更自信，学业表现也会更好。安全型依恋的孩子在面对学业上的各种挑战时，往往更积极地应用自己的能力去解决问题，最终体现为他们在学业上会获得更高的成就。依恋的本质是关系，而一切关系始于家庭关系。如果孩子能够信赖家长，相信自己在人际关系中是被爱的、有价值的，那么这份安全感将会成为他们在探索外在世界过程中最坚固的基石。在遇到挑战或挫折的时候，他们的心中始终有一个可以落脚的安全的地方，他们也就更有可能渡过难关。

第三，由于这一阶段孩子的自尊形成仍处于关键时期、自尊水平较不稳定，对于一些孩子来说，压力事件可能更容易对他们的自尊产生冲击，导致他们的自我价值感降低，进而出现各种行为和心理问题。这些压力事件可能包括：搬家、生二孩、丧亲、离婚和再婚等使家庭结构或关系发生变化的事件。有的压力事件对于成人来说是较容易应对的，但孩子在面对同样的事情时可能会面临更大的心理危机。如在面临搬家这一压力事件时，孩子的内心往往会有更多的不安和恐惧，他们不仅需要适应新的居住环境，还需要适应新的学习环境和人际交往环境。因为需要和新同学重新建立关系，融入一个已经成形的小团体，过程中孩子可能会遭遇不顺，有些孩子可能会产生"没有人喜欢我""我不擅长交朋友""我不够好"等想法，而这些想法会打击孩子的自尊和自信心。

（二）初高中阶段（13～18 岁）

大部分孩子在初中阶段都进入了青春期，他们开始对独立具有强烈的渴望，渴望寻找自我、表达自我；逐渐有更多属于自己的判断和思考；开始反驳甚至批评家长的观点和看法，进行一些家长不了解或不认同的行动，即变得"叛逆"。

面对孩子的这些变化，家长往往会很担心。这些家长眼中孩子"过早的独立"可能会引发一系列亲子冲突。

　　有研究者根据冲突事件后果的严重程度，将青春期亲子冲突的类型分为三类：道德规范、社会习俗和个人偏好（吴静，2020）。其中，后果最严重的、有关道德规范的事件发生的次数最少，稍多的是个人偏好事件，最多的是社会习俗事件（见表 3-2 和表 3-3）。从表 3-3 中我们可以看到，近八成的亲子冲突源于社会习俗事件和个人偏好事件，而这两类事件的后果的严重程度均是较小的。孩子和家长在这些事件上产生冲突主要是由于双方在独立性和自主性上的争夺。初高中阶段孩子开始发展自我，逐渐从家庭中分化出去，这一过程的顺利进行需要建立在家长也在逐渐减少对孩子的控制的基础上。然而，这往往给家长带来强烈的失控感，而失控感又会带来焦虑、压力以及家长的权威被挑战后的不适感。因此，家长可能进行与孩子对抗、争夺主导地位的行动，进而导致亲子矛盾和冲突。

表 3-2　亲子冲突事件分类表

事件分类		具体事件说明
道德规范	偷窃行为	拿家里的钱却没有告知家长等。
	伤害事件	家长在教育时出现打骂行为，家长在孩子面前表扬其他孩子并责怪自己的孩子等。
	信任问题	家长误会孩子并认为孩子不诚实，家长未经允许看孩子的手机或日记等。
	欺骗行为	家长应允孩子的事情没有做到，孩子在试卷上仿照家长签名等。
社会习俗	学习问题	学业表现、学习状态、高考或中考填报专业或学校等。
	礼貌问题	随意向家长发脾气，家长没说完就出言顶撞，在亲戚面前没有给家长面子等。

续表

事件分类		具体事件说明
社会习俗	卫生问题	保持个人房间的整洁，洗换衣服袜子等个人用品等。
	作息问题	早上不起晚上不睡等。
	安全问题	未能按时回家却没有告诉家长等。
	家务问题	具体家务劳动上的矛盾等。
	财务问题	零用钱的支配等。
个人偏好	娱乐与交友问题	跟同学出去玩，自己看电视或玩手机等。
	个人偏好	妈妈喜欢的衣服我不喜欢，自己想养宠物家长却不允许等。
	自主性内容	家长希望跟他们一起做某件事但自己不想去却不被应允等。
无法分类		表述不清或表示"不记得"的事件等。

（资料来源：吴静，2020，有删改）

表 3-3　青春期亲子冲突事件频率统计表

总分类	具体问题分类	具体件数	总件数	总比例
道德规范	偷窃行为	5 件	455 件	13.52%
	信任问题	309 件		
	伤害事件	109 件		
	欺骗行为	32 件		
社会习俗	学习问题	773 件	1473 件	43.77%
	礼貌问题	137 件		
	卫生问题	44 件		
	作息问题	253 件		
	安全问题	99 件		
	家务问题	94 件		
	财务问题	73 件		

续表

总分类	具体问题分类	具体件数	总件数	总比例
个人偏好	娱乐与交友问题	615 件	1195 件	35.51%
	个人偏好	393 件		
	自主性内容	187 件		
无法分类			242 件	7.20%
总计			3365 件	100%

（资料来源：吴静，2020）

在初高中阶段，青少年自我意识的觉醒、对独立的渴望以及与家长的分离，是他们发展过程中必须经历的事，但同时有些事他们仍依赖家长的支持和指导，如学习上的帮助以及情感上的支持。对于家长而言，他们往往会在孩子逐渐远去的过程中体验到很多复杂的内心感受，也需要时间去适应这种新的亲子相处模式。孩子要独立但仍未具有完全独立的能力，家长要放手但仍不放心并舍不得放手，双方的内心可能都会体验到很多的矛盾、迷茫和不确定，因此有许多亲子冲突也是十分正常的。

二、指导策略

对于不同类型的家庭关系问题，家长和教师都可以采取以下几个指导策略进行应对。

（一）判断发展阶段，全面理解问题

儿童青少年家庭关系问题的原因通常并不仅仅与家长有关，很多问题的原因也不能简单地归为"都是原生家庭的错"或者"都是早期经历的错"。首先，根据儿童青少年所处的发展阶段，可以大致判断困扰他们的核心问题可能是什么。例如，在面对初高中生时，首先要知道青少年最主要的发展任务是获得独立和自主感，他们会从顺从父母的想法转变为不愿受到父母诸多的限制和掌控；其次需要从纵向和横向等多种角度去理解该问题是如何形成的，即孩子过去的成长经历可能对其当下有什么影响、近期是否有应激事件发生以及孩子当下所处的家庭关系和结构是什么样的等。

（二）求同存异，建立改变的共同目标

求同存异在日常人际交往中十分重要，在家庭关系中也是如此。孩子与父

母发生冲突时，尤其在初高中阶段，双方可能在"异"的问题上越吵越凶，却往往忽略彼此"同"的部分。青少年在"叛逆"时通常会表达自己的观点，但这并不意味着他们想要破坏关系或与父母从此分道扬镳，他们更多的是想要获得尊重、支持和理解；另一方面，青少年对独立的渴望，也并不意味着想要与父母完全分离、形同陌路，更多的可能是他们想要在与父母的紧密关系中拥有一些属于自己的空间。在表面的"异"的背后，可能深藏着"同"，即彼此之间的关心和爱、共同维护一个家的愿望等。因此，适当地忽略"异"，而去寻找"同"，与孩子一起为一个双方都想要达到的目标而努力吧！

（三）软硬兼施，包容与设限并存

在教育孩子时把握好接纳和控制之间的平衡是十分重要的，父母既不能过于严厉，也不能过于放纵——即要采取权威型教养方式。如果一味接纳孩子的所有言行，那么将不利于他们形成良好的行为习惯和社会规范意识，可能会对其人际交往、学习等社会生活方面产生不良影响；而如果一直严格管控孩子的生活，那么孩子可能感受不到来自家庭的温暖和支持，有损家庭关系，也不利于其自尊和独立性的发展。因此，当家庭关系出现问题时，首先需要考虑父母是否结合了接纳与控制这两种方式，这可能是问题出现的原因之一，同时也可以是接下来解决问题的方向——应该包容接纳孩子的情绪，尊重并理解其内心需求，建立安全的家庭关系，形成温暖的家庭氛围；同时，当青少年的行为问题或自我控制问题超出了合适的范围（如出现对自身或他人的伤害行为），即使可能会与他们在该问题上产生矛盾，也应该坚持设立并执行规则。在掌握好平衡的情况下，无论是接纳还是控制，家长都能够向孩子传递关注和爱，而这些正是孩子最需要的东西。

（四）重视环境因素，积极寻求其他资源

虽然在多数情况下，家庭对儿童青少年的心理健康发展有着非常重要的影响，但家庭并不是决定儿童青少年一生的唯一因素，也不是帮助儿童青少年解决困扰的唯一路径。当发现家庭中存在难以改变的问题，如家暴、抚养者长期缺位，教师可能需要寻求其他资源来帮助儿童青少年应对困境，包括社会福利机构、专业心理咨询和同伴支持等。

百宝箱

资源库

（1）妇女维权公益服务热线，电话 12338，为妇女儿童提供法律、婚姻、家庭、心理、教育等的咨询、各级妇联协助提供庇护服务。

（2）反家暴的全国统一热线：报警电话 110，短信报警 12110；如果警察不出警，或者没有按照规范处理家暴事件，可以拨打 12389 对涉事民警或派出所进行举报。

第二节　家庭冲突

儿童青少年的成长离不开家庭，而家庭冲突会体现在孩子平时的行为表现上。下面两个例子就从侧面反映出了不同类型的家庭冲突。

 案例一

请听听我的声音

小白，男，某学校高中 1 年级男生。在老师眼里，他十分乖巧，学业表现好。但高中 1 年级下学期开始，老师发现小白学业表现退步，上课常犯困、走神。小白和同学们关系都不错，很少与人发生冲突。这段时间，老师从小白父母处了解到，相比学习，小白花更多时间和朋友一起玩耍，会主动约朋友出去吃饭、看电影，玩到很晚才回家，这在以前是很少发生的，并且，小白最近在网络上似乎认识了一些关系较好的网友，会经常看手机。

　　小白的母亲是家中的"领导"，大小事都由母亲决定。在父母眼里，小白从小就是一个听话乖巧、学习努力的孩子。最近，母亲为了小白选文理科的事情操碎了心，向小白各科老师了解小白的学习情况，上网查了很多资料，并且打听了各所学校高中 2 年级和 3 年级老师的教学情况。母亲多次向小白表示会帮小白选择最合适最好的课程以及任课老师，如果老师不合适，会带着小白转学。小白向母亲表示自己不想转学，不想离开学校的朋友，并且对于分科有了自己的打算。对于小白的提议，小白的母亲总是以"妈妈比你有经验多了，你难道不相信妈妈吗？"来回应。

　　最近，在一次关于高中 2 年级选科的讨论中，小白的母亲表示自己已经为小白选好了科目，小白突然大声地说："别说了！你到底知不知道我想要什么？"母亲对于小白的首次"反抗"感到惊讶，很快开始安慰小白："我怎么会不知道呢？妈妈为你做了这么多准备，这些都是最好的安排。"此后，她逐渐发现小白似乎变了，没有以前那么爱笑了，在听自己说话的时候总是走神，对于自己提的问题也回答得很慢，甚至不回答，在自己多次询问后才给出简短回应。在向老师询问了小白在学校的表现后，小白的母亲知晓了小白学业表现退步的情况，更加担心小白了……

 案例解析

需要关注的表现

　　在本案例中，小白在学习和情绪方面存在一些问题。在学习上，小白表现出注意力下降、容易分心、学业退步等情况；在情绪方面，小白主要在和母亲的沟通中表现出较明显的"叛逆"情绪。

从发展阶段来看，小白为高中生，处于青春期，并正在经历学业及未来发展上的关键抉择。面临抉择，小白可能开始思考"我是谁""我想要什么""我能做到什么"等问题。到了这一阶段，除了父母的声音，小白能够更多地接收到来自同伴、教师以及各类媒体上的声音，并逐渐建立起自己的价值观。同时，在家庭外建立的社会关系也会对小白产生更多的影响，如友情在小白的生活中会越来越重要。由于内心中属于自己的声音越来越大，从外界所能获得的人际支持越来越多，小白会开始怀疑甚至反对来自父母的声音，不再希望自己的生活被父母安排。

从家庭的角度来看，小白母亲一直努力地为小白创造最好的成长环境，对于小白的教育可能存在很多的焦虑，并有着较高的期待。出于对小白的学习和未来发展情况的担心，母亲对小白学习和生活各方面的控制欲较强，经常帮助甚至替代小白去解决问题和做决定。母亲的控制给小白在生活上提供了许多的支持和安全感，但同时也可能阻碍小白自我意识的发展和表达。在此之前，小白对母亲是较信任和依赖的；进入青春期后，小白开始意识到自己可以与母亲有不同的想法，而与母亲在选择分科上的矛盾进一步激发了小白内心追求独立和自我的渴望。在以往的沟通中，母亲占据绝对的主导地位，小白习惯了母亲的权威，不知道自己可以用什么方式向母亲表达自己的想法，害怕直接与母亲发生冲突，因此采取了沉默、回避等方式来表达内心的反抗。此外，由于小白与母亲的紧密连接开始松动，小白开始更加积极主动地发展同伴关系，渴望从朋友身上获得理解、支持与温暖。

从情绪和行为角度来看，小白内心可能充满自我怀疑、迷茫和挫败感等负性情绪，对行为的影响主要表现在学习上。由于小白很少基于自己的想法做出选择，一方面小白渴望知道自己想要什么、做出属于自己的决定，另一方面小白会感到迷茫和不安，不确定自己是否具备独立决策的能力。同时，当小白开始意识到自己内心对母亲存在强烈的阻抗时，他并不知道这些情绪意味着什么、不知道如何去处理这些情绪。被迫听从母亲的命令且难以反抗时，小白心中产生了愤怒、郁闷、烦躁以及无力等情绪，这些情绪没有被小白觉察到，也没有得到合适的表达和处理，导致他感到痛苦但不知道如何应对。在这种痛苦中，小白的其他社会功能受到了情绪的影响，对学习的兴趣降低，注意力下降。并且，小白以消极应对学习的方式向母亲表明自己可以决定自己的生活，不想满足母亲的期待。

总的来说，小白正经历青春期中自我和独立意识的觉醒，其与母亲在高中2年级分科选择前的冲突作为一个应激事件，加剧了小白在渴望独立和难以反抗母亲之间的矛盾感受，导致其采取了逃避、被动攻击的消极应对方式。为了缓解和发泄内心情绪，小白在学习上的积极性和主动性降低，同时增加与朋友交往的频率，从同龄人处获得人际支持和理解。

一、常见干预误区

有的家长很关注孩子的学业表现，急于让孩子在学习上做出改变，如批评孩子学习不认真、要求教师给孩子布置更多的学习任务。也有的家长很担心孩子在人际交往上误入歧途或遇人不淑，试图掌握孩子的交友情况，并教育孩子网络上的人是不可信的，甚至因此限制孩子使用手机或出去人际交往的时间。诸如此类的安排或控制，很可能再次让孩子体验到被控制或被要求，增强孩子的逆反心理和压力情绪。

二、推荐干预方向

为了能更有效地帮助小白这类孩子，家长和教师可以参考以下这些干预方向。

（一）忽略问题表象，了解孩子的内心冲突

看到小白的这些变化，家长和教师心里肯定会充满焦虑和疑惑，不知道小白究竟遇到了什么事情，担心这个情况会持续下去，进而对他的学习、生活等方面造成更多影响。大多数时候第一时间看到的"问题"往往只是表象，如学业表现退步、上课注意力不集中、沉迷交友及娱乐活动等。家长和教师首先需要觉察和平复自己的情绪，忽略孩子这些所谓"糟糕"的表现，而是去关注"这背后发生了什么""小白心里是怎么想的""小白的情绪状态如何"等更深入的部分。

忽略这些表面的问题并不是一件容易的事情，因为家长和教师对于孩子的学习问题总是很关心的，此时可以这样告诉自己——解决表面问题就像在伤口外绑上一个绷带，或许可以起到应急的作用，但伤口内部却没有得到足够的照料，如果不去了解和解决孩子内心的冲突或困扰，那么这个问题永远不会真正得到解决。

（二）耐心倾听，给予建设性的回应

在放下对表面问题的关注后，家长和教师可以开始尝试了解小白内心的想法。在与小白沟通时，倾听是最关键的。家长和教师可以尝试让小白先讲述他内心的想法，在这个过程中尽量做到不打断、不提建议、不做评价，而是耐心倾听，试图理解小白的困扰。当小白愿意分享他的想法或感受时，家长和教师可以及时与小白确认自己对他的理解是否正确，并表达对他的理解和支持。

在了解了小白的想法后，家长和教师可能会进入解决问题的阶段。由于小白处于想要独立、追求自我的阶段，一些带有控制或命令的建议可能只会起到负面效果。考虑到小白的各项社会功能良好、同伴关系良好、情绪状态较稳定，因此可以适当地给予小白更多的空间和信任，如鼓励小白跟同学进行交流和互动、鼓励小白自己寻求解决问题的方法、提供解决问题的不同途径并让小白做出自己的选择。

 小贴士

注意识别孩子的风险状态

有些孩子的情绪和行为可能呈现出风险状态，那么则需要家长或教师更多地介入，首先确保孩子的生命安全。

（三）引导孩子建立自我认同

由于小白处于建立自我认同的关键时期，开始思考"我是谁""我想要的生活是什么""我追求的东西是什么"，此时他的内心可能充满迷茫、挫败感、自我怀疑和否定。自我认同的建立可能会受到很多方面的影响，如家庭、同伴、教师、社会文化、生活经历、自身的认知水平和能力等。作为教师，可以尝试从最简单的问题开始与小白进行对话，如"你喜欢什么"，从一些小的部分帮助小白逐步建立起对自己的认识。接下来，教师可以引导小白思考未来的学习和职业规划，不直接给出自己的想法或建议，而是鼓励小白自己去了解不同的学科和专业，从中获取属于他自己的认识和体会。除此之外，还可以鼓励小白发展一些兴趣活动，包括音乐、体育、文学、电影等，从中探索自己真正的兴趣。

知道自己喜欢什么，也不是一件简单的事情。因此在与小白谈论这件事情

时，可以尝试传递这样一个信念："我们一生都在探索自己是一个怎样的人、想要什么，这个问题可能没有一个准确和固定的答案，但在不断的尝试和体验中，我们内心所能确信的部分可能就会越来越多。"

 百宝箱

了解"我是谁"的小游戏

以"我是一个……的人"为例句，写20个句子。

例如：

我是一个<u>聪明</u>的人。

我是一个<u>可以自己掌握时间</u>的人。

我是一个<u>喜欢看动漫书</u>的人。

我是一个<u>喜欢和朋友在一起</u>的人。

我是一个<u>　　　　　　　　　</u>的人。

（四）理解孩子的变化，提供家庭支持

从前面的案例分析可以看到，小白的家长（该案例中主要为母亲）在小白这一系列的变化中有重要的影响。在了解小白的情况后，除了与小白沟通，教师也需要与其家长进行沟通，从家长的视角去了解最近发生了什么。与家长沟通，一是因为从家长处能了解到更多信息，可以更加全面地理解小白发生变化的原因；二是在理解了小白的问题核心后，可以将这份理解传递给家长，向家长解释孩子所处的发展阶段，帮助家长理解小白内心的想法和情绪，尤其需要指出家长在其中扮演了重要的角色。

在沟通过程中，除了适时地挑战家长、指出家长可能存在的问题，教师也需要对家长表示理解和支持。许多时候，当看到孩子想要离开自己、与自己疏远，家长短时间内是难以接受的，内心可能会感到难过、担忧或愤怒。另一方面，如果家长只是被告知"你的控制阻碍了孩子的成长"，那么他们可能会感到被指责，进而感到愤怒或者强烈的自责和迷茫——"我之前是不是做错了？我该怎么办？"因此，教师要帮助家长建立信心："青春期是一个特殊的发展阶段，孩

子的成长是必然的，面对这些变化，无论是孩子还是家长都需要时间去调整和适应；这个过程更加需要彼此的沟通、理解和包容。"当家长更有信心时，他们也更有可能耐心地面对这个问题，给孩子提供来自家庭的支持。

 案例二

想偷的不是铅笔而是爱

　　小瑞10岁，是某小学4年级的学生，最近发生的一切让家长和老师对她尤为关注。一天，小瑞与以前的好朋友在谁对谁错的事情上发生了争执，在一声"她欺负我！"后小瑞用手抓了同学，划伤了对方的皮肤，泗出了血，事后被老师批评不该攻击同学使同学受伤时，小瑞却委屈得像一个泪人，哭个不停。最近几星期班级中经常有人向老师报告丢失了铅笔，很长时间老师都没有找到是谁拿别人的铅笔。在一次家访中，老师从小瑞父母那里得知小瑞的书包里经常会有同学送她的铅笔，而且很多，老师一下子明白了是小瑞拿走了同学的铅笔，同时老师又得知，最近一次考试小瑞向自己的父母报告说自己学业表现很好，都是全优，并获得了父母的表扬，但实际上她这次的学业表现并不理想，而且退步得很厉害。小瑞的父母和老师全都陷入了惊讶与焦虑中，"小瑞怎么了？"以前的小瑞不会拿别人的东西，也不会说谎。

　　通过和小瑞父母的沟通，老师了解到小瑞的父母关系很好，家庭经济条件也很好。在小瑞2年级的时候，她的妹妹出生了。在妹妹出生之前，父母与小瑞十分亲近，也十分重视小瑞的学习和生活。在妹妹出生之后，父母觉得年纪尚小的妹妹更需要照顾，并且由于小瑞之前表现都很好，父母对她十分放心，因此开始将更多时间和精力放在妹妹身上。现在妹妹两岁了，父母都很喜欢妹妹，经常表扬妹妹，并觉得小瑞作为姐姐，也需要承担作为姐姐的责任，处处都让小瑞照顾、礼让妹妹。小瑞有时候也希望像妹妹一样获得父母的关注和爱，可以多和父母说话或者一起玩游戏，而不是一回家就被要求先回屋写作业。

案例解析

需要关注的表现

从本案例中可以看到，小瑞在规范意识、情绪控制和学习等方面存在一些问题。小瑞表现出偷拿同学铅笔、向父母隐瞒学业表现等行为。在和人交往时，小瑞难以控制自己的情绪和行为，出现较激烈的情绪反应，如发生肢体冲突、容易感觉到委屈，并且用哭泣的方式表达自己的情绪。

从发展阶段来看，小瑞处于小学阶段，是建立自尊、获得勤奋感的关键时期。在家庭支持方面，在妹妹出生之前，无论是物质层面还是精神层面，小瑞的父母都给小瑞提供了较充足的关注和支持；在妹妹出生之后，尽管父母把一大半关注分到了妹妹身上，但对小瑞的学习情况并不是完全忽视的。而从小瑞与教师、同学的关系中也可以看到，小瑞能与同学建立好朋友的关系，在这之前与好朋友很少发生大的冲突，教师眼中的小瑞也是一个好孩子。由此可见，曾经的小瑞，自我控制能力是较强的，也具有较高的自尊水平，并且各类人际关系是良好的。然而，压力事件的发生——妹妹的出生，可能对小瑞的自尊水平产生了冲击，进而使小瑞开始出现各种行为和情绪问题。

从家庭结构的角度来看，妹妹的出生带来家庭关系和结构的变化。原本父母的关注和爱都集中在小瑞身上，现在这些关注必然有一部分落到妹妹身上，小瑞感受到的关注自然变少了。随着妹妹到了两岁，妹妹开始学说话，学各项生活技能，父母也会与妹妹进行更多沟通和互动。小瑞可能逐渐体验到，妹妹是会"抢走"父母的关注的，父母不再和自己说这么多话，不再总是陪伴自己游戏或者关心自己的学习了；自己的学业表现要优秀才会获得父母的表扬，而妹妹只需要学会说一个新词，就能得到父母的表扬。这种不平衡感让小瑞开始产生自我怀疑和不安全感——"爸爸妈妈还爱我吗？他们是不是更爱妹妹？我需要多优秀、多好，爸爸妈妈才会更爱我呢？我是不是没有妹妹可爱，我不值得被喜欢吗？"此外，小瑞身上也多了一个姐姐的身份，而父母给小瑞传达了许多新的家庭规范——"作为姐姐，你需要……你应该……"对于小瑞来说，这也是一个需要时间去适应的新角色。就像父母一开始不知道如何做父母一样、教师一开始不知道如何当教师一样，姐姐可能也不知道如何做姐姐，尤其是对于一个 10 岁的小孩子来说，她最开始可能是不安、困惑和迷茫的，一方面想要达到父母的期待，另一方面也希望自己作为一个孩子的需要能被满足。

从情绪和行为的角度来看，这种不平衡感和落差感以及被忽视的体验，都可能让小瑞产生愤怒、委屈、难过和自我否定等情绪。当父母对自己的关注减少，对可爱的妹妹展现更多的笑容时，小瑞可能会感到难过和孤独，似乎自己成了家庭中最不重要的一个存在，也可能会因为这种有区别的对待而感到不公平和愤怒。另一方面，小瑞可能不敢将这些情绪向父母表达，害怕如果自己表现得不好、不是一个"乖孩子"或"好姐姐"的话，那么父母会失望，对自己的关注和爱就更少了。这些复杂的情绪日积月累，便可能会对小瑞的学习和人际交往等方面产生影响。负性情绪往往会影响一个人的学习状态，而在人际交往中，小瑞的情绪也开始变得容易失控——在与人发生冲突时，被否定的感觉更容易激起小瑞内心深处始终没有得到缓解的那些愤怒和委屈。为了维护自己在父母眼中的形象、不想失去父母的宠爱，小瑞选择将自己好的一面展现给父母，因而会采取隐瞒甚至欺骗的方式。小瑞很可能也知道骗人是不好的，但她更想要获得大人的关注和表扬。对于偷东西的行为也是如此，小瑞之前并没有出现违反规则以及对立违抗的行为，现阶段的偷拿他人物品的行为，可能是为了获得父母的关注——表扬是对孩子的积极关注，而批评虽然会带来负面的体验，但也是一种对孩子的关注。此外，许多孩子在这一阶段都可能出现偷拿他人物品的行为，原因可能多种多样，包括处于压力状态、不敢向父母说出自己想要买这个东西的想法或者报复别人等，这些都不意味着他们的内心是恶的。

总的来说，妹妹出生、父母关注减少所带来的对小瑞的影响可能是复杂和持久的，小瑞的负性情绪没有得到缓解，该阶段的心理需求没有得到满足，各种行为问题也就随之出现了。通常来说，孩子的不当行为往往更容易引起父母的注意和重视，因此这也很可能是小瑞的一个求救信号，此时的她十分需要家长和教师的帮助——"我感觉自己现在很糟糕，我不知道怎么办。"

一、常见干预误区

有些家长在听到孩子偷拿别人的东西、撒谎时，会一下子慌了神，很害怕孩子最终走上违法犯罪的道路，担心孩子是不是思想品德出现了问题，因此会通过批评甚至更极端的方式教育孩子，想让孩子改过自新。通常来说，大部分孩子并不是出于道德败坏才偷拿别人的东西，父母的指责可能会让他们不敢说出真实原因，甚至出现更加逆反的、破坏规则的行为。

有些家长可能认为，"孔融让梨"是一个传统美德，年长的孩子自然应该更加听话懂事，然而却忽略了年长的孩子也需要情感上的关注和支持。在本案例中，如果父母只是一味地质疑或批评小瑞学业表现退步以及出现的这些异常行为，小瑞可能会更加自责和委屈。尽管小瑞可能会听父母的话，想要当个乖孩子，因而在受教育后改正了这些行为，但其内心的情绪是没有被看到和处理的，还会影响她未来的学习和生活。

二、推荐干预方向

对于小瑞的"问题"行为，家长和教师可以尝试从以下方向入手进行干预。

（一）从多角度了解问题行为背后的深层原因

在本案例中，家长和教师首先看到的是小瑞的各种问题行为，如人际交往中的情绪失控、学业表现退步、向父母撒谎以及偷拿同学的笔等。前文已尝试分析小瑞为什么会出现这些行为、为什么会产生变化。小瑞以往表现良好，问题行为的发生并没有明显的背景或原因（如小瑞总是喜欢违抗成人所以她习惯性撒谎、被偷笔的同学是小瑞很讨厌的人），以及小瑞产生变化时正好经历了一个重要的压力事件，综合以上多方面因素，本文倾向于认为小瑞的变化与其妹妹的出生有关。

在大多数情况下，共情孩子是良好沟通并解决问题的基础，因此家长和教师需要去了解问题行为背后的深层原因。孩子往往不会直接说出来，他们可能自己也意识不到，或是害怕自己是不被理解的而不敢说。如果家长和教师能从多角度去了解问题，对孩子的情况具备一个初步的认识和理解，那么就能更容易感受到孩子的情绪和内心想法，也就能更直接地表达出对他们的理解和共情，同时减少只基于行为表象而产生的对孩子的偏见和否定。

（二）先处理自己的情绪，再与孩子进行沟通

在看到孩子出现问题行为时，作为家长和教师，我们非常想要立刻杜绝这

些行为的再次发生。此时，我们也会产生愤怒、焦虑和担心等情绪，同时可能伴随着自责和迷茫——"是我之前哪里做得不够好吗？为什么孩子会突然这样？我应该怎么做才能让她变好呢？"家长和教师首先需要尝试将自己与这些事情分开，即孩子出现问题行为不等同于父母和教师的失职。特别是对于二孩家庭或者其他家庭结构较为多元的家庭来说，父母承受的压力以及面临的育儿困难更大，因此家庭中以及孩子身上出现的各种状况也会更复杂。因此，在理解小瑞的情绪之前，家长和教师需要先理解自己的情绪；在接纳小瑞的问题行为之前，家长和教师也需要先尝试接纳自己的不足和局限性，处理完自己的情绪之后，家长和教师可以心平气和地和孩子沟通，一方面明确自己的规则和边界，一方面帮助孩子走出消极行为的困境，帮助孩子学会用替代性的适应性行为表达自己的诉求。

 小贴士

孩子偷拿别人物品，成人可以采取的沟通技巧

（1）立即、明确表明这是不好的、不被允许的行为，给孩子树立一个规则的边界，提醒孩子相关的价值观和道德期待。

（2）和孩子谈心，了解孩子选择采用这一行为背后的心理活动。试着了解他/她为什么这么做，动机是什么，这是否经常发生。这个过程需要非常小心，避免将其变成拷问。用不批评，不指责，不让孩子感到尴尬、害怕或被嘲笑的方式和孩子进行交谈。例如，可以选择一个私密的场所与孩子单独沟通以及保持语气的平静。

（3）帮助孩子找到替代性的方式来得到自己想要的。孩子的这一行为也许是想要得到父母的关注，也许是想要得到某样物品。父母可以根据孩子的内心诉求来改变对待孩子的方式，如增加对孩子积极行为的关注，给予更多的表扬和认可，或者鼓励孩子通过合理的方式取得其想要的物品。

（4）如果有需要的话，家长可以帮助孩子赔偿损失，以帮助他恢复正常生活。同样地，这个过程尽量避免让孩子感受到尴尬，如教师可以选择与被偷东西的孩子进行单独沟通，而不是在班级上公开处理这件事情。

（5）家长自身还需要评估这件事情的严重性。如果孩子经常偷拿他人物品，偷拿他人物品已经成为一种固有模式，并且同时出现了其他的不当行为，那么请寻求专业帮助，如心理咨询。为人父母都不愿意看到这个结果的出现，但如果确实出现上述所说的情况的话，那么否认只会让事情变得更糟糕。

（三）家校联合，重视学生在校的异常表现并及时告知其父母

进入学龄期后，孩子一天内至少有八个小时都在学校里，他们许多行为或与心理有关的问题经常在学校表现出来。因此，课堂上的教师可能比任何人都能更快地发现孩子的问题。在本案例中，小瑞最开始在家里和妹妹"争宠"，可能被认为是兄弟姐妹之间的正常竞争。然而，在学校里，小瑞出现了许多异常表现——不尊重他人财产、情绪激动、缺乏用言语表达自己需求的能力（攻击性行为）以及甚至可能觉得自己是"受害者"。这些迹象表明，小瑞此时需要外界的帮助，她因为家里的变化而在情绪上变得特别脆弱和易激惹。对于教师来说，在发现孩子的异常行为或情绪表现后，需要将观察到的现象及时与家长分享，帮助家长了解孩子的在校表现，增加家长对孩子所面临问题的重视程度。同时，这也意味着家长在这之前可能对孩子的情况是一无所知的，教师在告知家长发生的事实的同时，也需要向家长解释孩子这些行为背后可能的原因，帮助家长理解孩子的变化。

（四）建立养育两个孩子的信心

正如前面提到的，小瑞是第一次当姐姐，小瑞的家长也是第一次养育两个孩子，他们可能也并不知道应该如何做。可以尝试以下做法来建立养育两个孩子的自信心。在这个过程中，教师也可以根据具体情况，向家长分享一些小妙招，帮助缓解小瑞感受到的不平衡感。

首先，家长可以安排一些不适合妹妹的特殊活动，但确保这些活动是适合小瑞的，如特别的食物、去看电影或进行一些体育运动等——由于妹妹还不能享受这些事情，小瑞可能会感到自己是更成熟的、更幸福的或更快乐的。

其次，由于小瑞想要重新获得父母的关注，因此她可能会觉得"如果我变回一个宝宝，那么爸爸妈妈才会爱我"，这也可能是她行为失控的原因之一，或许她渴望被教育、被指导。对于这一点，家长可以尝试用表扬来应对，当小瑞表现出符合年龄的行为，如她能够照顾好自己或者主动帮忙照顾妹妹，那么立刻表扬她，即让小瑞感受到"你不需要表现得像妹妹、像宝宝，爸爸妈妈也会爱你"。这个过程中，要避免说类似于"姐姐就要有姐姐的样子"这样的话。家长想要告诉孩子的是"你不需要强迫自己长大，无论你的行为举止如何，我们都会永远爱你"。

最后，家长可以告诉小瑞："我们不再那么细致地照顾你，不是因为我们不想做这件事情，不是因为我们不爱你，而是因为你长大了，我们会以其他的方式爱你和照顾你。"在这个过程中，家长可以给小瑞一些自主权，让她选择她想要如何做。通常来说，如果孩子知道自己可以像婴儿一样随心所欲，想要什么就得到什么，他们反而很快就会停止这样做。同时，家长也可以给小瑞一些作为大孩子的特权，如她可以比妹妹晚睡一小时之类的。

 百宝箱

父母如何帮助孩子迎接弟弟/妹妹的到来

（1）确保你是第一个向你的大孩子透露他/她即将有弟弟妹妹的那个人。如果孩子知道父母对他/她隐瞒了一些事情，那么孩子很容易感到被背叛和愤怒，或者至少是感觉自己被忽略了，这对任何关系来说都不是一个好的开始。

（2）尽可能诚实地回答孩子的任何问题，然后等待孩子的反应，对孩子的想法、问题和担心保持开放的态度。

（3）和孩子一起写一本"大哥哥"或"大姐姐"的书，包括"弟弟/妹妹出生前"和"弟弟/妹妹出生后"两个部分。在书中附上孩子和重要亲戚或朋友的照片和图画。我们要让孩子自己做这件事情，让他/她自己选择对于他/她来说重要的人和事情，让他/她告诉你书的标题是什么。记住，这里面是他/她对于拥有一个新的家庭成员的感觉和想法，我们不对其发表任何负面的评论，因为这是属于他/她的书。

第三节　家庭留守

2023 年 4 月，国家统计局、联合国儿童基金会、联合国人口基金共同发布了《2020 年中国儿童人口状况 事实与数据》，报告显示，根据第七次全国人口普查数据，2020 年，我国 0～17 岁留守儿童规模 6693 万人，占该年 0～17 岁儿童总数的 22.5%。张亚利（2023）调查了家庭留守对儿童心理健康状况的影响，发现相较一般儿童，留守儿童的孤独感水平显著较高，更容易出现抑郁情绪、焦虑情绪，存在较高程度的自卑感；更容易产生各种问题行为，包括攻击行为、自伤行为和网络成瘾行为；在社会交际中更容易表现出敏感、人际适应困难，容易产生强烈的社会疏离感，社会适应更困难。

接下来的案例就介绍了有家庭留守经历的小强，让我们一起看看他具体经历了什么，我们可以怎样帮助他。

 案例

让人不敢靠近的小霸王

小强，某市初中 7 年级男生。去年通过升学考试，小强从县城学校顺利转入该学校。转入前，小强属于留守儿童，在老家主要由奶奶照顾。转学后，班主任了解到他家的情况，于是在他身边安排学业优秀的学生来帮助他，提醒同学不要笑话他说话有口音，学校的一些活动费用也帮他减免……小强能够体会到班主任对他的关心，较尊敬班主任，有时也会帮班主任做一些事。但小强整体上较自由散漫，很难持续按照老师对他的期望行事，对学习几乎毫无兴趣。

在人际交往方面，小强眼神中常流露出玩世不恭，行为上随心所欲，不服管教，常常与各科老师发生言语冲突。7 年级下学期，小强突然与班级中一位女生走得很近，他经常给这位女同学送礼物，放学绕道送她回家，想尽办法找一切机会接近她，甚至常在下课的时候和她做不雅举动（如搂抱等）。

后来，班主任通过多次请家长了解到，他在六岁前一直由奶奶照顾，因为父母不在身边，奶奶很宠他，好吃好喝都先给他，与别的孩子发生冲突时奶奶也总是护着他。小强的母亲反映，小强与奶奶的关系很好，但从不与自己亲近。五年级时，奶奶去世后，小强反复说奶奶是被她害死的，因为奶奶经常在小强面前说她的不好，奶奶生病时她也没能赶回来照顾。小强父亲之前做小本生意，经济上基本能满足小强的"高消费"，父子关系很好，但小学 6 年级时父亲出车祸，脑部受损，生活上不能自理。家庭经济一度陷入困境，她既养家又照顾小强父亲，无暇顾及小强。有的时候，她也想关心小强，尝试与小强沟通他的学习情况或在校表现，但小强都会表现出明显的厌恶和抗拒，常对她吼叫"我不要你管"。

 案例解析

需要关注的表现

本案例中，小强在规则意识和人际交往方面可能存在一些问题。在学校，小强在学习、同伴交往和师生关系中常表现出不符合规范的行为，如冲撞老师、无心学习、和女同学做不雅的举动等。在家庭里，目前几乎没有家人与小强亲近并对其进行适当的教育，小强对母亲的态度是阻抗或厌恶的，总是不听从母亲的命令或教育。

从成长经历来看，小强小时候主要由奶奶抚养，父母在其生活中是缺席的。留守的经历可能会让小强内心充满不安全感，困惑于父母为什么离开自己，"他们是不爱我吗？""我为什么和别的孩子不一样？"幸运的是，奶奶十分宠爱小强，常常保护小强不受欺负，因此小强与奶奶建立了很亲近的依恋关系。同时，奶奶作为小强的主要抚养者，小强的许多观念也深受奶奶的影响，如奶奶对母亲的看法使得小强对母亲的评价是偏负面的，与人发生冲突时奶奶对小强的无条件支持可能使得小强没有很好地学会如何与人沟通并解决矛盾。奶奶是小强生命中很重要的一个人，因此奶奶的去世很可能给小强带来巨大的冲击。失去了奶奶的照顾和支持后，小强可能没有时间和能力去独自处理哀伤，并应对接下来生活的种种变化。紧接着，小强又经历了父亲重病、转学等重大生活变故。父亲的车祸一方面导致小强又一次体验到"失去"重要亲人的恐惧和悲伤，而且他无法与父亲进行正常交流，很难从父亲处获得精神抚慰或支持；另一方面，由于这件事情在很大程度上影响了小强整个家庭的经济状况，这可能是小强第一次体验到经济层面上的压力。除了接连的家庭变故，转学对于小强来说也是一个重要的压力事件。进入青春期的小强，正处于寻找自我、建立自信的关键时期，而突然进入一个陌生的环境，一个比自己所处环境更好的环境，都可能让小强体验到不安全感和自卑感，因此他可能会开始采取一些方式保护自己。

从人际关系角度来看，小强在大多数情况下都将自己武装得非常强大——玩世不恭、我行我素、人若犯我我必犯人……这些仿佛都是他的外壳，掩盖住他内心深处的孤独、不安和脆弱，而这些他不曾向任何人表露。但这堵围墙并不是任何时候都是无懈可击的。当班主任向小强表达出真诚的关心，在行动上给予小强支持和帮助时，小强也将自己柔软和善良的一面展现给了班主任。这说明小强能感受到他人的善意和关爱，内心可能很渴望他人的爱和关注，同时他也懂得回报和给予，小强的世界并没有完全被哀伤和愤怒充斥，不是彻底失控的。小强与异性的交往也体现出他其实是希望拥有亲密关系的。当小强想要与人亲近时，他采取的方式是对对方好、给对方送礼物，这些方式与奶奶及父亲对待他的方式是很相似的，如父亲之前在经济上能满足小强的各种需求。因此，小强表达关心和爱的方式可能是较单一的，通常表现为简单的物质满足或肢体接触，仅从自己的角度出发去做自己认为对对方好的事情，小强可能并不知道如何与对方进行沟通、了解对方内心的想法和需求。

从情绪的角度来看，面对众多哀伤和丧失，小强不知道自己应该如何理解和应对这一切，更不知道如何去处理内心复杂的情绪体验——如悲伤、迷茫、无助、恐惧、焦虑和绝望。这些未被处理的情绪可能都转换成对母亲的愤怒，他找不到其他发泄的出口，只能将这一切归罪于母亲。同时，回避和压抑也可能是小强处理情绪的方式，一方面，这种应对方式使得这些情绪始终未得到缓解，持续影响着小强的心理状态和行为表现；另一方面，在他自己还未具备能力去面对它们，同时也没有其他人帮助他去面对它们的时候，回避和压抑的方式在某种程度上保护了小强，让他避免被这些强烈的负性情绪击溃，使他能够继续正常地生活。

总的来说，小强内心的孤独、不安和焦虑，可能有一部分发生于更早之前，即早期与父母分离的留守经历。由于小强年龄尚小，这些情绪体验可能从未被他自己察觉或言语化。而现在，由于小强又再次在生活中体验到被抛弃（奶奶去世、父亲重病、转学），这些深埋着的感受就会再次被唤起，引发更复杂的情绪体验，这使得小强的生活和行为逐渐失去控制。

一、常见干预误区

有些教师会劝说小强理解母亲的辛苦和不容易，告诉小强他要更懂事，不要让母亲太操心。教师对小强家庭的关心是很好的，并且孝顺通常被认为是很好的品质，每位教师都希望孩子能更懂事，但如果只是对小强进行这方面的教育，这对于目前的小强来说是很难接受的。哪怕小强按照教师说的，他觉得自己确实需要承担家庭责任了，不再是小孩子了，但这种"心理成熟"也只是在揠苗助长，小强可能会体验到更大的压力和更多焦虑、无助感。

在经历重要家庭成员的去世或重病时，有的家长可能自身也觉得很难面对这件事情，不知道如何与孩子沟通，因此也选择回避，当作什么都没有发生。面对哀伤和重大变故，每个人都需要时间去独自消化，但避而不谈只能作为短期的应急处理方法，最终还是需要共同直面这些痛苦，只有这样这些痛苦才能真正得到解决。

二、推荐干预方向

对于小强这类孩子，理解他们作为留守儿童的处境，合理地评估他们的心理状态，用包容以及信任的态度去面对他们，同时能够和他们谈论丧失是主要的一些干预思路，具体如下。

（一）及时评估心理状态

重大丧失或生活变故会给一个人的心理带来巨大冲击，严重的话可能会引发抑郁状态。考虑到奶奶对于小强来说是最亲近和最重要的人，而父亲也是小强第二亲近的家人，接连的丧失可能会让小强感到绝望，产生想要结束生命、生命没有意义之类的想法。有些家长或教师对谈论这些想法有一些误解，因而很害怕与孩子谈论这些想法。但实际上，对孩子的这类想法对其现实功能的影响程度进行评估，是进行心理干预过程中最重要的一步，也是接下来能够进行其他任何干预的基础。

以温和、镇定、接纳的态度与孩子谈论"结束生命"之类的话题，可以让孩子重新思考，可以赢得时间来做危机干预。更重要的是，理解、支持和接纳的态度对想要结束生命的人是非常重要的，这会让他们感到自己的情绪能被接纳，因而更愿意表达真实的痛苦感受。

（二）包容接纳，相信孩子的发展潜力

小强不仅有留守经历，而且还经历了重要抚养者的离去，想要与小强进行一场深入内心的沟通并迅速解决他多年以来的心结是不可能做到的。在本案例中，班主任做了一个很好的示范。班主任关心小强的学习和生活，试图了解小强的家庭背景，也没有因此贬低、指责小强。这些关心和支持对于小强来说是适当的、不过度的，不会引起小强的反感和压力。任何人经历如此多的变故，都需要很长一段时间去处理和消化，对于仅有 13 岁的孩子来说更是如此。此时，作为家长和教师，我们不能也无法推着孩子往前走，只能陪着他们，理解他们此时可能出现的各种应激反应和"反常"行为，相信孩子自身的成长潜力，给他们更多的时间。

 小贴士

面对压力事件孩子可能出现的应激反应或行为特征

（1）丧失自我控制能力：突然的情绪波动、撒谎或欺凌行为等；

（2）抱怨头痛、肚子痛或突然感到热或冷；

（3）作息紊乱或开始做噩梦（噩梦内容可能和孩子日常生活中发生的事情无关）；

（4）年幼的孩子可能出现退行，如吸吮大拇指或者想在任何时候都能看到你，而年龄较大的孩子更容易变得爱挑衅、粗暴、粗鲁和孤僻。

（三）寻求周边的心理资源

在本案例中，小强周围的社会支持系统可能是较缺乏的——几乎没有好朋友；除班主任外，他与其他教师常发生矛盾；父亲病重，母亲忙于照顾家庭。并且小强对母亲的态度较负面，在这种情况下，一方面，母亲可能也会感到自责、难过、挫败和不知所措，让家庭氛围更加糟糕；另一方面，小强目前很难接受来自母亲的关心或引导，母亲的努力可能会事倍功半。此时，家长和教师可以寻求一些资源，来帮助小强应对困境，如儿童青少年个体咨询、团体咨询或团体辅导等（详见本章第一节）。

除此之外，如果孩子的异常行为危及自身或他人的安全，出现严重违反社会规范的行为，此时成人必然是要介入的，如果这种情况已经超出家长或教师的能力范畴，那么则需要及时寻求专业人员的帮助。

（四）处理孩子的哀伤和丧失

教师在与小强母亲沟通时，也要考虑母亲的感受。当小强在为失去奶奶、父亲重病而悲伤时，母亲也要注意到自己的悲伤（丈夫母亲的去世、丈夫的病重），不要为了安慰孩子而把自己的情绪放在一边，母亲可以与小强一起经历悲伤。一起经历悲伤意味着允许悲伤，可以试着向孩子传达"我们都会经历亲人的离世，我们会难过，或者会有很多复杂的感受，这些都是很正常的，你没有任何问题"。有的时候，孩子很难在成人面前表露悲伤，此时家长和教师可以告诉孩子，他们可以在不同的场合以不同的方式表达自己的情绪，如向朋友倾诉、写日记、做一些纪念故人的事情等。在尝试与孩子讨论哀伤、讨论丧失时，不强求孩子一定做出回应，要尽可能接纳孩子的情绪，接纳孩子可能需要独自处理哀伤，支持他们寻求他们自己觉得舒适和安全的空间。

觉得很难开口与孩子谈论哀伤与丧失的家长也可以尝试借助一些外物，如一些有关丧失和哀伤的书籍。通过阅读，孩子自己可以对哀伤进行思考。书籍也不会让孩子感到被评价或被指责，它作为一个稳定的空间，可以给孩子带来慰藉。除了书籍，电影、纪录片、动画片以及游戏等，都可以作为帮助孩子理解生命和哀伤的意义的媒介。同样地，不强迫孩子一定要看，而是告诉孩子如果他觉得自己有需要的话，可以在哪些地方找到这些资源。

 百宝箱

有关哀伤教育的书籍、电影

(1)书籍《死亡课：关于死亡、临终和丧亲之痛》。

(2)书籍《直视骄阳：征服死亡恐惧》。

(3)绘本《活了一百万次的猫》。

(4)绘本《永远有多远》。

(5)电影《寻梦环游记》。

(6)电影《当怪物来敲门》。

第四节　家庭结构变化

家庭结构的变化，如父母离婚、单亲家庭、重组家庭等情况，可能会对孩子的成长产生一些影响。熊猛等人(2021)发现单亲家庭儿童的心理社会适应水平要明显低于双亲家庭儿童，具体在抑郁、自尊、社交焦虑、反社会行为方面表现出更多问题。单亲家庭儿童由于长期得不到父母一方或双方的精神关爱，情感需求得不到满足，生活质量相对低下，他们通过与双亲家庭的儿童的比较，容易在心理上产生主观上的相对剥夺感。由此可见，在家庭结构变化的情况下，孩子的心理健康情况需要得到更多的关注。以下两个案例就分别介绍了两种不同类型家庭结构变化带给孩子的影响。

案例一

坚强却不快乐的小大人

小华，7岁，某小学1年级学生。小华是一个瘦瘦小小、白白净净的小男孩，浓眉大眼，看起来文静、乖巧，但只要一开口说话，就是在怼人。不管是和同学还是老师交流，小华都像一个火药桶，一点就着，似乎看谁都不顺眼，就要和别人反着来，经常导致最后大家都感觉很不愉快。小华经常不完成作业，上课东张西望，就是不愿意看老师。在和小华的单独谈话中，老师觉得小华是一个很机灵、反应很快的孩子，对于自己的问题都能回答，看起来理解能力和认知能力是没问题的，虽然经常态度不好。同班同学在刚开始都很愿意和小华玩，但小华几乎不主动融入团体，有的时候甚至拒绝同学想与他一起玩的邀请，渐渐地同学们觉得小华似乎不需要好朋友。小华偶尔会和男生打架，如果其他人对小华说了什么话或做了什么事，小华一定会以同样的方式反击回去。老师担心小华在人际交往上存在一些问题。

从小华父亲处了解到，小华一直是一个很有想法的孩子，父亲经常和小华讲道理，觉得小华都能听懂。在小华4岁时，父母离婚，之后小华一直与父亲生活。离婚后需要搬家，小华因此转学到了新的幼儿园。在幼儿园升小学时，又因父亲的工作变动，小华和父亲再次搬家。据父亲说，小华对母亲的印象不是很多，现在也几乎不提母亲。在上小学前父亲会偶尔送小华到母亲处生活两天，但后来母亲再婚后，父亲担心小华难以接受这件事，就很少再让小华见母亲了。父亲一直觉得离婚、单亲家庭对于孩子来说可能很难接受，因此一直很关注小华的心理状态，希望减少这件事情对小华的影响。当小华升入小学后，父亲觉得孩子只要开心就好，因此对小华的学业要求很低，不想要小华感受到太大的压力。但父亲发现，尽管自己对他已经没什么要求了，但小华似乎也并不是很开心，经常板着小脸，像一个小大人。

 案例解析

需要关注的表现

在本案例中，小华可能在人际交往和情绪控制上存在一些问题。在与同学及老师相处时，小华表现出明显的回避或违抗，以牙还牙，具有攻击性。小华内心可能有很多矛盾和愤怒等情绪，这些情绪影响他的人际交往和学业表现，如果不加以关注，将会对他未来的学习和生活产生更大的影响。

从小华的家庭背景和成长经历来看，小华经历了父母离婚、两次搬家以及母亲再婚，这对于任何一个儿童或青少年而言都很困难。当母亲离开时，小华经历了一次丧失；紧接着，搬家又是一次重要的丧失体验——离开熟悉的生活环境和同伴。在父母离婚后，小华可能在短时间内较难理解这件事情是如何发生的，他也不知道这件事情是否和他有关，甚至可能觉得其中也有一部分他自己的责任，但他也很想知道自己可以如何应对这个变化。因此，小华的内心除了有对于父母分离、母亲离开自己的难过，还有许多的困惑、迷茫和自责。同时，由于小华是被迫要去面对这些家庭变故，无论是父母离婚还是搬家，都不是他能决定的事情，他的生活是被成人安排的，因此，小华也可能感到非常愤怒和委屈——"为什么我的家庭和其他人不一样?"在此过程中，父亲对小华的态度是接纳、尊重和包容的，这是小华愿意与父亲交流，在家里没有出现攻击性行为或其他异常表现的原因之一。但父亲在与小华讲道理时，可能忽略了小华的情绪，以及高估了小华的认知水平和问题解决能力。尽管小华能感受到来自父亲的爱和关注，但可能缺少更具体的支持和帮助，小华仍然不知道如何面对和处理自己内心的复杂情绪体验，以及不知道如何理解和应对生活中的种种变化。

从发展阶段的角度来看，一年级的小华刚刚开始学校生活，学校生活成了小华生活中很重要的一个部分，学业表现在一定程度上反映了小华的自尊水平和自我价值感，同时小华的自尊水平也会对其学业表现产生影响。在学校生活中，当感受到同学和教师的亲近或善意时，小华内心的不安全感使得其在人际中是退缩和具有攻击性的，不相信自己是被人喜欢和被接纳的，害怕再次经历环境的变更和关系的丧失。不管是幼儿园阶段的转学、搬家，还是升入小学后的再次搬家，陌生的环境以及缺乏长期、稳定的同伴关系，都进一步加剧了他的不安。因此，在学业上，小华不仅缺乏家长（即父亲）的教育和引导，而且他对教师的态度是较抗拒的，这都导致小华没有形成对学习的正确认识和态度。但对于小华的同龄人来说，学习已经成为他们生活中不可或缺的一部分，学业表现也成为他们自身以及周围人评价孩子的重要标准之一。因此，小华与同龄人在学业表现和学校表现上面的差异，又会进一步影响小华的自尊心，损害其自我价值感，这可能使得小华更加觉得自己与其他人是不一样的，自己是不好的，因而产生较大的挫败感。

从情绪和行为的角度来看，小华对于内心的痛苦、不安和悲伤等情绪是掩饰的，甚至可能没有觉察到自己的各种情绪。考虑到父亲通常采取讲道理的方式，父亲在小华面前可能是一个坚强的男子汉角色，小华可能也会想要表现出男子汉气概，因而选择掩饰自己的情绪，拒绝主动谈论自己的负性情绪。在这种情况下，压抑的情绪以另一种方式表现了出来，即小华在学业和人际上出现的问题。小华可能觉得自己和同龄人是不一样的，没有一个"完整"的家庭，这可能让他产生自卑感，也就更加抗拒接近他人，担心其他人发现那个糟糕的自己和糟糕的家庭。但是，小华的特立独行，表现出"我和你们不一样"的姿态，也在某种程度上维护了他的自尊心，并且使他能够获得他人的关注。虽然这个关注并不带有正面的意味，但由于内心始终对他人的爱充满渴望，对于小华而言，他人有反应意味着至少他是受到关注的，他能被看到。因此，尽管小华在人际交往中往往做出负面或攻击性的回应，但这些回应也表明，小华并不是完全地回避人际交往和封闭自己。

总的来说，父母离婚、转学以及搬家的经历对于小华都是一次次的丧失，而他又刚刚进入小学，处于自己人生重要阶段的新起点。小华不仅需要时间去面对家庭中的种种变化，更需要时间去适应新的学校生活和人际关系。小华难以靠他一个人的力量去渡过这个困难又复杂的阶段，因此十分需要家长和教师的帮助和引导。

一、常见干预误区

有的家长和教师觉得很难去和孩子聊父母离婚再婚之类的事情，害怕这会引起孩子更大的情绪反应，或者觉得孩子太小不懂这些，和他们说了也没用。但实际上，大人的隐瞒、否认甚至欺骗，会给孩子带来更多的不安和恐惧感，他们不知道发生了什么，也不知道如何理解这些事情，但他们却能真实地感受到自己的生活是发生了变化的。讨论和直面这件事情不会让情绪变得更糟，而掩盖这件事情不会使得情绪就此消失，反而会加剧孩子内心的负性情绪。

有的家长可能只关注离婚对于孩子的影响，却忽略了离婚带来的其他变化导致的影响，如本案例中的搬家和转学。类似搬家之类的生活变化，任何人都需要时间去适应。由于孩子的人生经历很短，一个月对于他们来说都是很漫长的，因此，孩子在认知上感受到自己适应转变的时间，比他们实际所需的适应时间要更长，他们也就感到更难熬。

二、推荐干预方向

对于小华这类家庭结构发生变化的孩子，家长和教师都需要特别注意他们的心理状态，及时和他们沟通，帮助他们合理看待变化了的家庭环境。

（一）耐心观察，看到孩子的优势和变化

2023 年，民政局公布了 2022 年全国离婚登记的数据，离婚登记 210.0 万对，这表明可能有不少孩子是来自离异家庭的，教师可以在学期开始前对孩子的家庭情况进行大致了解，提前做好关注孩子行为及心理问题的准备。对于教师而言，在了解到小华的家庭情况后，可以给小华更多调整和适应的时间。在面对家庭、生活环境、人际关系以及学习节奏各方面的变化时，小华出现一些

应激反应都是正常的。在本案例中,教师留意到小华是一个聪明、机灵、反应快的孩子,这是小华的优势,意味着小华具备基本的学习能力和理解能力。当面对小华充满情绪或攻击性的表现时,教师需要保持冷静,尽可能以平静、客观的语气与小华沟通,告知小华学校的各项规范制度以及他犯错的地方,避免批评等语气。一方面,教师平静的态度不会进一步强化小华的不当行为,小华发现自己犯错后并不会得到教师更多的关注;另一方面,这会让小华在学习到社会规范的同时,也不会获得更多的不愉快或挫败感。接下来,教师可以耐心观察,时刻留意小华的变化。当小华逐渐适应学校生活,并表现出对于同伴关系或团体活动的好奇时,教师可以给予小华一些鼓励和表扬,并帮助小华更好地融入团体生活。

(二)帮助家长理解孩子的情绪及需要

在本案例中,父亲对小华非常关心,希望小华快乐成长,这确保了小华有一个充满爱的家庭。当父亲感受到小华的不快乐时,他可能很迫切地希望解决小华的情绪问题,父亲可能因此感觉很焦虑,甚至充满自责。此时教师需要告诉小华父亲的是,无论他多爱小华,都做不到消除小华的情绪,他能提供的是理解、鼓励和支持。例如,陪小华读一本书、做一件父子都喜欢做的事情,或者在看到小华伤心的时候陪伴并鼓励他表达内心的想法。除此之外,父亲作为小华的主要抚养者,将会是小华的学习对象。正如小华会因这些家庭变故感到悲伤、愤怒和迷茫,父亲也会有许多情绪体验。父亲如何面对这些情绪、如何调整情绪,以及如何努力进入新的生活,都会给小华起到榜样作用。因此,帮助家长理解孩子的情绪和需要,也是在帮助家长看到他们自己的需要和他们自身面临的挑战。家庭成员可以互相帮助,共同寻找生活中积极的一面。

无论是家长还是孩子,家庭结构发生变化都可能给他们带来巨大的压力。教师需要提醒家长的是,他们如何处理这件事将会对孩子产生持久的影响,如果他们夫妻之间是充满指责和争吵的,那么孩子也会被迫加入这场战争,尽管此时孩子也很需要他们的帮助。但如果他们感觉自己也深陷情绪之中,无法处理孩子的情绪,教师可以提醒或帮助他们为孩子寻求一些专业的帮助,如心理咨询或团体辅导。

（三）与孩子共同应对离婚

所有已经离婚的家长都担心离婚会对孩子产生影响，但如果家长花时间和孩子讨论并解释正在发生的事情，孩子就能更好地面对这件事情。对于小华而言，由于他年龄尚小，因此父亲并不需要告知小华有关离婚的细节，但需要传达的是，父母会永远照顾他和爱他。同时，尽管不需要分享细节，但父亲需要让小华了解父母离婚的原因，考虑到小华的年龄，尽可能分享一些小华能理解的部分，也可以陪小华看关于离异家庭的绘本，如《园丁》(或译为《小恩的秘密花园》)、《亲爱的汉修先生》和《看不见的线》等，这有助于减轻小华内心的困惑、迷茫和自责感。

 小贴士

如何与青少年谈论离婚

在孩子十几岁的时候，家长可以尝试与孩子分享更多细节。例如，当我们第一次见面的时候，我爱上了你的父亲；但是当我嫁给他的时候，才知道他的脾气非常糟糕，变化无常。有的人会把这样的言论看作是在说另一位家长的"坏话"。但如果这是关系中的事实，那么孩子是需要了解的。这也可以给孩子提供一些经验和参考，以帮助他们在将来发展一段更好的亲密关系。

对于正在准备离婚的家长而言，提前与孩子讨论这件事情也是非常重要的，孩子需要被告知真相或者一些基本问题的答案——"是我做了什么导致妈妈和爸爸离婚吗？我将住在哪里，和谁住在一起？爸爸妈妈还会在一起吗？你为什么要让爸爸(或妈妈)走？"这个阶段的孩子仍处于以自我为中心的心理阶段，因此他需要了解他的生活将会发生怎样的变化，这对他理解将要发生的事情是很有帮助。除了讨论，也可以为孩子在行为层面上做一些准备和应对，来帮助孩子适应父母离婚或分居后的生活，具体包括：①和孩子一起做一个日历，日历包括日程安排和主要活动，特别是与另一位家长在一起的时间；②根据孩子的年龄，在他前往另一位家长住处的前一天帮他收拾行囊，让他自己选择书包或行李袋，这种象征性的投入和参与会帮助他获得一些控制感和安全感；③为了使孩子感到更舒适，确保每位家长的家里都具备孩子基本的生活用品(如牙刷、梳子、睡衣等)；④给非常年幼的孩子一个玩偶或其他熟悉的玩具，以提供安全感。

 案例二

新的家人还是家人吗？

小爱，某住宿学校初中 9 年级学生。小爱长得很可爱，皮肤白皙，眼睛很大，睫毛很长，浑身都透着机灵劲儿。她穿着校服总有"嬉皮士"的感觉，校服总买大好几号的，上衣到膝盖，校服外套从来都敞着，裤腿太长就挽起来，挽成窄裤腿，鞋也总是穿大的，很少抬脚走路，总是拖着地走，鞋带也总是散着。无论谁和她说话，她只有一种表情，眼睛斜视，插着兜，三问一答，大有"就这么着了，你能咋地"的态势。小爱在学校的学业表现一塌糊涂，从不写家庭作业，上课趴桌睡觉，下课在楼道溜达。有一次，因为一位老师提醒她要听课，她当场就拍桌子瞪眼，说老师侵犯了她的睡觉权。后来，任凭班主任怎么做工作，她就是拒绝向那位老师道歉。

据小爱父亲讲，小爱从小一直很听话，在家里特别乖巧，但 8 年级进入青春期后就像是变了个人，不可理喻，在家根本无法沟通。每天回家之后，小爱除了吃饭，就是回房间、出房间、洗漱、睡觉，并且总关着房门，都不知道她在做什么。家人都觉得小爱的青春期反应太强烈，难以理解，也很难改变她。此外，从家长处了解到，小爱的母亲在小爱 7 年级时车祸离世，半年后父亲再婚，继母带来一个 6 岁的弟弟。父亲觉得在小爱进入青春期后，自己不太好意思与小爱太亲近，也不知道如何与这个年龄的小女孩沟通。继母觉得自己的儿子刚上小学，也很需要自己花时间去教育，并且担心自己与小爱还不熟，怕适得其反，因此也很少与小爱交流。当一家四口在一起的时候，话题往往都是有关弟弟的学习和生活的。后来，有学生反映，小爱经常在班里说自己是一个没有家的孩子……

 案例解析

需要关注的表现

在本案例中，小爱在人际交际、社会规范意识、情绪控制、自我认同等方面存在一些问题。小爱在行为举止、着装打扮、学习习惯和家庭生活等方面表现出我行我素、与世隔绝的状态，看起来充满个性、很自我，但这可能是小爱内心世界迷茫和混乱的体现。并且，根据父亲的描述，小爱突然从乖巧听话变得无法沟通，种种行为迹象表明小爱的内心正在经历重要变化。

从发展阶段来看，小爱处于青春期，她开始寻求自我、渴望与父母和家庭的分离。此时，面临母亲的离世、父亲的再婚和新家庭成员的加入，小爱的内心会体验到很复杂的情绪体验，需要时间去适应周边环境的众多变化，以及这些变化与内心渴望的冲突。一方面，小爱可能追求独立，努力寻找并想要展现和证明自己的独特性，获得内心的价值感；另一方面，家庭结构变化导致小爱体验到丧失感，甚至被抛弃感。小爱内心的无助、悲伤和迷茫是其难以独立解决的，她需要周围人的帮助和支持。小爱这一阶段的"叛逆"心理可能使她很难表达自己内心的脆弱，因此她选择以各种方式捍卫自己的尊严，即表现得特立独行、我行我素，仿佛只有这样她才不会让自己受到更多伤害。

从家庭的角度来看，小爱行为的突然变化发生在父亲再婚后，这与家庭结构和成员所发生的变化有着紧密联系。小爱可能还处于母亲离世的哀痛阶段，而继母和弟弟的加入又再次给她新增了一道大难题。由于母亲的离开是十分突然的，小爱可能会感到强烈的悲伤、绝望和孤独感，被迫留下许多遗憾，这也会让她和父亲的关系变得更紧密，而家庭的重组意味着不仅仅只有她和父亲互相依靠，继母和弟弟也将是家庭中的重要成员。由于父亲和继母之间的亲密关系，对于父亲而言，他做好了面对新家庭的准备，但小爱与继母和弟弟之间是无法迅速培养起亲情的，她甚至会开始怀疑父亲对自己的爱和关注"爸爸爱上了其他人，我还是重要的吗？还有人爱我吗？"并且，正如父亲和继母不知道如何与小爱沟通一样，小爱也是迷茫和不知所措的，不知道如何面对新的母亲和弟弟，并且小爱可能也会担心在直接表达出不满、愤怒和委屈后得不到想要的回应，因此她采取了回避的方式。此外，小爱可能正经历着她对母亲的爱和对继母的态度之间的真正冲突，她还没有认识到自己拥有可以爱两个"母亲"的自由，这种内心的冲突也会让小爱感到困惑，甚至产生自我责备"我怎么能在妈妈去世后接受另一个妈妈呢？"

从情绪和行为的角度来看，家庭中发生的众多变化可能会让小爱的内心充满焦虑和抑郁。由于没有迹象表明小爱在学校遇到了她讨厌的事情，小爱在学校的行为都可能是由家里所发生事情的情绪反应导致的，如学业退步、破坏规则和抵触人际交往等。同时，小爱在家也表现得与人隔绝、不愿沟通。正如前面所说，尽管家庭的众多变化已经发生，但这些事件对小爱的影响可能并没有随着事情的过去而消失。小爱曾体验到强烈的孤独感和被抛弃感，为了保护自己不再受伤害，她选择推开外界，然而这种方式又进一步加剧了小爱独自一人的状况，在推开外界可能会带来的伤害的同时也推开了外界能够提供的温暖和支持，最终小爱会感到更加孤独，形成一个恶性循环。

总的来说，经历了一系列家庭变故后，小爱内心有了复杂的想法和情绪体验，之前小爱可能都选择了独自处理的方式，但从她在家庭和学校生活中的行为变化和异常来看，这些复杂的想法和情绪体验并没有得到解决。尽管回避在某种程度上能保护小爱免受一些其他伤害，同时避免了情绪的激烈爆发，但从长远来看，这会逐渐对小爱的各方面生活产生负面影响，进一步加剧她的负性情绪体验。

一、常见干预误区

有的教师期待从和小爱的沟通中了解深层原因，但由于小爱在最开始会表现出攻击性和破坏性行为，很可能会让教师感到挫败，并发现很难走进小爱的内心。最后，教师可能只能将重点放到小爱在学校的行为表现上，采取严厉的方式，而这可能会进一步加重小爱内心的封闭程度，加深其对他人的不信任感。

有的家长觉得小爱的异常是因为青春期，只要长大了就会好起来，因此选择忽视这些问题，让小爱"自由成长"。尽管进入青春期的孩子会变得更加独立和成熟，家长需要给孩子更多的空间，但这不意味着孩子不再需要大人的帮助了。小爱的叛逆，看上去像是"我不需要任何人"，但从其失控的学校生活和家庭生活中我们会发现，她其实很需要家长的帮助，并且由于家庭结构变化是其行为问题形成的关键，问题的解决更是离不开家长的努力。

二、推荐干预方向

除了前述案例中推荐的干预方向，家长和教师也可以从以下方向对家庭结构发生变化的孩子进行干预。

（一）从三方面评估问题的严重程度

对于孩子来说，离婚、死亡、再婚和新的家庭结构（如二孩）等，都是他们很难独自适应的事情。经历重大家庭变故的孩子通常会具有更大的抑郁风险，甚至会出现一些自我伤害、暴力、学业失败和成瘾行为等。大多数孩子在经历这些事情时都会感到压力并发生行为变化，这是很正常的，因此不需要家长和教师立刻认为孩子此时一定面临严重的困扰，而是在相信孩子自身能力的同时，给孩子一些自我调整和适应的时间，过程中要持续评估他们心理问题的严重程度。其中，三个关键点需要关注：①在学校遇到的问题：孩子在学校的表现是一个很重要的判断指标，如学业表现突然下降、学习兴趣减退或旷课次数增加等；②同伴关系：了解孩子的同伴关系是否发生变化，孩子是否很难结交新朋友等；③在家遇到的问题：观察孩子在家里的行为，了解孩子适应和调整的方式，尤其注意孩子是否有自我伤害或成瘾的行为。

（二）鼓励孩子和家长寻求专业帮助

在本案例中，小爱的成长经历和家庭背景十分复杂，教师对小爱的关心是非常重要和有帮助的，但需要注意的是，如果教师想要一直为小爱或其家人提供建议和帮助，可能会和教师自身的本职工作相悖。对于重组家庭或者其他家庭结构复杂的孩子来说，可能有许多其他原因使得孩子在学校出现异常行为表现，甚至是抑郁。此时，教师能做的最好的事情就是鼓励孩子和其家长寻求专业的心理咨询或其他帮助，特别是经过上面的初步评估后发现孩子的问题已经达到较严重的程度时。如果教师继续为孩子和其家庭提供建议，或过多关心其家庭生活，可能会让自己在感情上和职业上都置于危险之中。教师可以为学生提供倾听和支持，但是更多的帮助（如心理咨询或辅导）需要由专业的人士来提供。

（三）促进家长对孩子内心困扰的理解

从父亲和继母的视角看，小爱可能是较难沟通和接近的，对他们的态度是抗拒的。如果我们是小爱的父母，那么我们要理解小爱的回避并不是出于对我们的厌恶或憎恨，而是她遇到的麻烦太多，诱发的情绪太过强烈，以至于她不知该如何应对自己的困扰，也不知该如何与我们互动，因而她选择了回避的方式。我们要做的是持续向她表达我们的关心和爱护，可能一开始我们得不到她积极的回应，甚至会因她的态度而感到伤心和挫败，但一直坚持下去，她就能感受到我们对她的爱，逐渐感受到自己有被当成家庭的一员在被关注和爱护。

如果我们是小爱的教师，那么我们需要联系小爱的家长，同理他们被孩子拒绝的挫败和伤心，对他们进行心理健康教育，科普家庭结构重组这一压力事件对儿童青少年的影响，正常化小爱当前部分的"异常"行为，帮助小爱的父亲和继母更深入、细致地理解小爱的困扰和内心需求。

（四）练习与孩子沟通的正确方式

父母试图和小爱沟通时，首先需要向小爱传达的是，这段婚姻不是她的选择或决定。有些孩子可能承担了一些不属于他们的责任，如觉得自己有责任忠于另一个父亲或母亲、有责任反抗这段新的婚姻，这给他们带来了许多额外的压力。其次，当有其他重要角色进入家庭时，孩子难免会感到害怕和焦虑，害怕失去父母的爱，感到孤单和悲伤，此时他们需要很多安慰和支持。因此，父亲可以尽可能地表达对小爱的理解，让小爱感受到父亲还是像从前那样爱她。同时，对于继母来说，她可以向小爱传达的是，她不会试图取代小爱母亲的位置，小爱亲生母亲对于小爱来说是非常重要的。最后，父母可能也需要思考自己是否真的没有像以前那样关注小爱了，尤其是父亲——父亲和小爱有多久没有一起出去玩了呢？

此外，当孩子表现出悲伤、愤怒和反抗时，请记住，这种情况并不一定是糟糕的！孩子的感受需要被承认、被看到。这将有可能成为一个机会——当孩子看到父母在积极地倾听他们的感受时，他们会觉得被理解和被支持，也会有可能听成人的话，进而改变和成长。

第四章
情绪议题

随着在生活中不断成长，儿童青少年对情绪的感知能力越来越强。日常生活中，每天都会有导致不同情绪发生的事情。比如，刚刚入学的孩子不愿意与家长分开，在学校门口号啕大哭；面对让自己很满意的学业表现，孩子迫不及待地想要飞奔回家与家长分享；在学校里和好朋友吵架，总是郁郁寡欢，等等。

不同的情绪会带来不同的感觉与身体感受，也会让孩子做出不同的行为。随着长大，孩子需要不断学习如何感知情绪并向他人表达自己的情绪。在社会环境中，不能适当表达和调节情绪的孩子常常被拒绝，甚至被孤立。因此，了解儿童青少年阶段的情绪发展特点十分关键。这不仅关系到孩子的学习生活发展，更关系到孩子的心理健康。

在人们的传统观念里，孩子们都应该是天真快乐、无忧无虑的。但《2022年青少年心理健康状况调查报告》显示，我国约14.8%的青少年存在不同程度的抑郁风险。这一数据虽然较上一年有所下降，但仍反映出我国有许多孩子在面对由社交压力、学业压力等带来的负性情绪。相比于成人的情绪问题有着典型的表现与界定方式，儿童青少年的情绪问题更加隐匿，行为表现更加不典型。

面对这种情况，家长与教师可以怎么做呢？本章就将带大家通过对情绪的基本理解，结合案例，去更好地理解情绪的意义，更好地帮助孩子们。

第一节 儿童青少年情绪发展特征及指导策略

一、儿童青少年情绪发展特征

儿童青少年在成长过程中，对情绪的感知和控制能力在不断变化。具体的不同阶段发展特征如下：

（一）小学1~3年级

在这个阶段，孩子从幼儿园过渡到小学，开始慢慢离开家庭，与更多的同伴接触，开始收获"学生""朋友"等新的角色。在这些社会关系的建立过程中，孩子开始习得识别情绪、理解情绪、表达情绪的技能，为早期的社会性发展打下基础。

在这个阶段中，孩子刚刚进入学校，可能存在与主要抚养者之间的分离焦虑，以及对建立新的社会关系的不适应。

入学时，可以看到许多孩子在学校门口哭着喊着不想与家长分离。过度的分离焦虑不仅会影响孩子在学校的学习生活，甚至可能导致孩子做出破坏性的行为，并给抚养者带来巨大的负担和压力。在临床实践中常有这样的未成年来访者，当家长在身边时，可以自由放松地玩耍，但当家长离开所在环境时，就会丢弃手中的玩具，大哭着朝门的方向走去。

这种分离焦虑也可能会导致不良的同伴关系。当孩子处在持续焦虑的状态并很少意识到这种情绪时，孩子很难用开放的态度交朋友。久而久之，孩子在学校中可能被孤立，甚至是遭到校园霸凌。在长期的冷落下，孩子可能会发展出"为什么只有我交不到朋友"的想法，变得不爱吃饭、睡不好觉，或是表现出与平时不同的行为。

（二）小学 4～6 年级

随着年级的增长，孩子来到了小学的高年级，开始面对学业上越来越多的压力。此时孩子对事情的不同解释方式会给他们带来不同的情绪体验。这种对事件的不同解释方式也叫归因方式。目前常见的归因方式主要分为三部分：内外部、是否稳定以及是否可控。

不同的孩子面对同样一张 70 分的试卷，想法也会非常不同。比如，小蓝会想："这次题很难，得 70 分主要是出卷老师的原因，下次题简单一些我一定会考得更好的！"而小红会认为："这次只得了 70 分，一定是我自己平时不够努力造成的，以后我要是考得比现在还不好怎么办？"

在这个情境中，小蓝主要对"70 分"进行了外归因，考试题目比较难属于外部、不稳定、不可控的因素，这样的归因方式不会影响小蓝的自尊水平，他依旧对自己非常有信心，能够开心地面对未来的学习生活；而小红对"70 分"进行了内归因，他认为 70 分是自己的问题，而导致 70 分的原因是稳定的（自己能力一直不行），这会导致小红在生活中产生很多学业焦虑、抑郁等情绪。当孩子能够较多把成功归于内部因素（"我很努力"）时，孩子会更多地感到自豪和骄傲；但当孩子将失败归于内部因素（"我是个笨小孩"）时，孩子会感到内疚和羞愧。

（三）初中 7～9 年级

依据埃里克森人格发展八阶段理论，中学阶段孩子处在同一性对角色混乱阶段。在这一阶段，孩子的情绪体验依旧会受到家庭关系、师生关系、学业压力等因素的影响。与小学时期不同的是，初中时期，孩子进入了青春期，他的情绪体验开始更多地受到生理发育、自我意识的影响，而且，他们也开始进入一个崭新的环境——初中，他们开始花更多时间与同伴相处。生活中，初中的孩子经常会在休息时间把书包丢在家里，大喊一声"爸妈，我去找某某(孩子的朋友)玩了!"这种同伴之间的支持和互动可以帮助他们有效改善日常的焦虑、抑郁等负性情绪，同伴给出的评价也可以帮助他们形成合理的自我认知。

在这个阶段，孩子开始尝试思考"我是谁"，他们的自我意识高涨，开始更多探索自己内心的感受。许多孩子会觉得自己是其他所有人注意的焦点，因而十分注意自己的行为。有些孩子会对这种"假想观众"产生许多担心，如一个正在踢足球的男生可能会担心观众看到他的青春痘，认为他不够帅气。

 小贴士

假想观众

假想观众这一概念由心理学家艾尔金德(Elkind)在 1967 年提出，是指青少年认为自己的一举一动都会引起别人的关注，这种现象主要出现在 12～18 岁。适当的"假想观众"可以增加青少年对社会评价的重视，促进青少年自我概念的形成；但过度的"假想观众"会让青少年过于在意他人的评价，容易引发人际关系中的焦虑等情绪。

如果孩子在青春期可以发展出对自己的合理认知，那么他们就可以更加准确、自然地表达自己的情绪；但如果他们对自己盲目乐观，那么他们可能会很少顾及他人的感受，一旦受挫，便很容易陷入一种自卑情绪中。

家庭中，由于自我意识的萌发，青春期的孩子可能想要更多地反抗权威，挑战家长和教师，为此家庭、学校中可能会出现许多争端。举个例子，专制型家长对子女的期待可能依旧是完全的听话懂事，孩子在青春期的自我意识就得不到很好的发展，这会导致孩子难以面对挫折，在情感上很难理解别人，缺乏相应情感的表达能力。

学业上，大多数孩子开始面临考试的压力。在经过小升初后，孩子就像升级打怪兽一样来到初升高这一关口。良好的师生关系、情绪调节能力可以预测个体的学业表现。在初中阶段，孩子通常会通过运动、游戏、寻找他人倾诉调整自己的情绪，但是当缺少同伴和良好的人际关系时，孩子应对情绪变化的能力会显著下降，从而导致焦虑、抑郁、愤怒，甚至出现攻击性行为。

（四）高中 1~3 年级

到了高中，孩子的学业生活变得更加忙碌，大部分孩子都要面对高考这一关卡。在高考主题电视剧《小欢喜》中，英子不仅要面对高考的学业压力，还承载了很多母亲的期待。即便英子已经有了自己的目标——南京大学天文专业，但母亲依旧希望她"非清北不上"。在各方面的压力下，英子出现了抑郁症状，并产生了自杀想法。在英子父母发现英子的异常后，通过精神科治疗、专业的心理咨询，英子母亲改变了对英子的期待，英子也走出了抑郁症的阴影，并如愿以偿地选择了自己的学校。

正如英子这一案例，在高中阶段，最容易引起青少年情绪波动的因素有学业压力、家庭期待、对未来职业规划的考虑等。由于在传统文化中，高考被看作可以改变命运的跳板，无论是家长还是孩子，都对高考抱有很高的期待。每当学业表现出现波动时，孩子就可能会认为是自己能力的问题，并对未来产生灾难化的联想。在这一阶段，了解家长的期待，正视孩子自己的需求，是解决这一时期情绪困扰的关键。

二、指导策略

以下五种指导策略可以帮助家长和教师简洁明了地理解该如何面对儿童青少年的情绪困扰。

（一）扩展对情绪的表达

依据社会学习理论，教师可以多向孩子教授情绪相关词汇，或是邀请孩子用不同的词语表达情绪，如常见的正性情绪有满意、轻松、温暖、安全等，常见的负性情绪有无奈、寂寞、失落、痛苦等。教师可以邀请孩子用"我现在感觉……"表达自己的情绪，也可以言传身教通过示范情绪的表达帮助孩子意识到表达情绪是一件很平常的事情。

（二）识别情绪背后的原因

无论是小学还是中学，孩子情绪的表达都是一个信号，都在传递着孩子正在经历的体验。快乐这一情绪背后可能是一张很满意的考卷，难过这一情绪背后可能是和同桌之间发生的口角。在探究情绪产生的原因时，家长和教师应做好倾听者的角色，仔细倾听究竟发生了什么，孩子又感受到了怎样的情绪。

（三）有效理解和接纳情绪

在当下的环境中，人们通常会认为负性情绪是不好的，情绪是不理性的、不可控的。但事实是没有任何一种情绪是不好的，也没有任何一种情绪是不应该产生的。教师可以帮助孩子发现不同情绪的适应功能，促进孩子对情绪的全面认识。以焦虑为例，适当的焦虑可以帮助他们意识到事情的重要性，并付出相应的时间和精力准备；只有当焦虑过度时，才会适得其反。

（四）不要"以爱为名"

许多家长会将自己的孩子与"别人家孩子"进行比较，并认为自己一切的出发点都是因为"爱"，这样的比较和爱会给孩子带来很多压力。此时，家长需要澄清自己的期待，正视孩子的需求。通过家校联合，家长和教师可以对孩子的表现进行合理的反馈和具体的称赞，帮助孩子建立自我认同。

（五）发现独一无二的"自己"

正是由于每个人的兴趣爱好、潜能天赋、个性特征的不同，以人为主体的社会才能运行得多姿多彩。教师可以组织孩子在小卡片上写出自己的兴趣特长、个性品质，邀请他们彼此交换并猜猜是谁。这样既可以帮助他们了解自己的优势与不足，也可以让他们对自己有更客观的认识，形成更完整的自我概念。

第二节 焦虑

焦虑是一种非常容易体验到的情绪。在学校的考试焦虑，在人际交往场合的社交焦虑都属于焦虑，下面两个案例就分别介绍了有这两种情绪困扰的孩子的具体表现。

案例一

我考砸了

小明，男，初中 8 年级学生。在老师眼里，他学习非常努力，上课认真听讲，下课请教问题……可是学业表现始终不够理想。小明很担心自己考不上一所好高中，认为如果考不上好高中自己的一切都完了，就没有前途了。

经过了解，小明小时候非常喜欢运动，不曾有过太多拘束，但到了小学高年级，由于有了升学压力，父母改变原来的教育方式，开始对他严加管束，给他买各种练习题。孩子也接受了这种改变，收敛自己的玩性，听从父母的安排，认真刷很多题，他的学业表现在班里很出色。但进入初中后，学业任务开始加重，面对来自各校更优秀的学生，小明感觉学习压力很大，而且原来靠刷题应对学习的方式开始失效。小明上课想认真听课，但很难集中注意力，感觉自己的记忆力也在减退。尤其是在考试前，小明容易表现得非常焦虑；考试时，小明也会紧张到心跳加速，写字手发抖，面对题目，大脑中常常一片空白，最后的学业表现与自己预估的总会相差很大。这些问题严重影响小明的睡眠，他经常失眠、做噩梦，噩梦当中还有很多关于考砸了的内容。目前，小明已不再参加什么体育运动了，同时他做什么事儿也都打不起精神来。

 案例解析

需要关注的表现

在本案例中，小明出现了失眠、学业表现退步、人际交往减少、精力减退等表现。面对初中这一阶段的学业压力，小明总是担心无法取得自己期待的学业表现，主观上感到十分痛苦。小明对考试的担心超出了正常范围，一到考试就会手抖、大脑空白，并对自己越来越失望。这个情景中，小明的焦虑情绪和学习生活状态都需要家长和教师帮助处理和调节。

从学业发展角度来看，处在初升高阶段的小明面对着许多学业上的压力。面对这些学业压力时，小明缺少相应的调节放松方式。在小学 5 年级前后小明的学习节奏发生了非常明显的变化。小学 5 年级之前，小明有很多时间可以自由支配，可以利用这些时间充分地放松休息，满足自己的兴趣需求。但在小学 5 年级之后，由于家庭教养方式的改变、父母期待的变高，小明的休息时间变少了，这导致小明生活中的所有事情围绕"获得优秀的学业表现"展开，日常生活中的心理灵活性也在逐渐降低。在面对考试时，小明的焦虑情绪难以疏解。这种情绪不仅导致小明无法正视考试，也让小明的日常生活受到广泛的影响。

 小贴士

心理灵活性

心理灵活性（psychological flexibility）是指个体充分觉察所处环境，有意识地觉察自己的记忆、想法、情绪和感受本身，并按照自己的价值方向坚持或改变行动的能力。心理灵活性越高的人能够越快适应环境带来的变化，青少年阶段较低的心理灵活性可能会带来学业拖延、适应困难等状况。

（资料来源：Kashdan & Rottenberg，2010）

从认知层面来看，小明的内心信念是"学业表现不好＝考不上好高中＝一切都完了"。在这样的情况下，小明很可能把学业表现的好坏等同于自我价值的多少。当小明在学业方面较少收到来自教师、家长、同学的正向评价时，小明会逐渐形成较低的自我评价，即"我学习能力不行，我很差"。这种信念与情绪、行为之间不断地相互作用。小明在面对考试时愈发严重的焦虑情绪、学习方法中缺乏灵活性的表现都强化了这一消极信念。

从情绪角度来看，小明在学校、考试中的一系列行为体现了强烈的焦虑情绪。小明在小学 5 年级后学习节奏变快，很少有表达情绪的空间。面对越来越强的学业焦虑，小明无法用正确的方式看待和排解，而是不断地灾难化，导致自己的焦虑情绪越发严重，并产生许多焦虑相关的行为。其中，小明的失眠状态、不愿意参与人际交往与其他活动需要引起家长和教师的重视。当这些情况超过 3 个月，或是严重影响小明的日常学习和生活时，小明都应及时去医院就诊，听从医生的建议服药或进行心理咨询。

从家庭角度来看，小明的焦虑症状不仅是小明对学业节奏的不适应，也是整个家庭状态的体现。父母本身的养育焦虑、对小明未来的高期待催生了小明的焦虑情绪。小明父母将自己未完成的期待加在小明身上，过度重视小明学业表现的同时，却忽略了小明的全面发展。以学业表现为导向的家庭氛围使小明发展出以学业表现为核心的自我评价体系。依据社会学习理论，小明也越来越关注自己的学业表现，极度担心学业出现问题。而过度的担心会带来消极的信念和不适应的行为，进一步加重这一恶性循环。

一、常见干预误区

生活中，家长和教师面对小明所处的情况时，可能会想"这才多大的孩子，能有什么情绪？"而采取严厉的态度对待孩子。这可能导致孩子认为状态不好是自己的问题。这样的做法是典型的用已有经验理解儿童青少年的做法，非常不利于建立儿童青少年的人际支持系统。

另一种常见的误区是过度倡导孩子要积极阳光。适当的倡导可以帮助孩子了解各种情绪的功能，坦然面对自己的情绪；而过度的倡导可能催生孩子的自责情绪，让孩子认为自己心理调节能力差，并产生"我不好"这样的核心信念。

二、推荐干预方向

对于小明的焦虑情绪，家长和教师可以从以下几方面入手进行干预。

（一）识别情绪图谱，促进情绪表达

正如前文提到的，孩子在进入学校生活后，会不断地识别各种情绪，建立

起社会条件所允许的情绪表达规则。教师可以帮助孩子构建情绪图谱，通过举例子、讲故事的方式让孩子感受情绪的多样性，邀请孩子在生活中尝试表达自己的情绪。教师还可以通过示范教学的形式帮助孩子表达情绪。比如，用"我现在感到……"造句，孩子可以更加了解自己的情绪，环境中的抚养者和教师也更能够觉察到孩子目前的情绪状态。

 百宝箱

情绪图谱

　　情绪种类非常丰富，主要可以分为快乐、厌恶、恐惧、惊讶、愤怒、悲伤六大类，也可以分为积极情绪与消极情绪两大类。常见的积极情绪有宁静、舒服、满足、满意、轻松、自在、温暖、安全、欣慰、舒畅；常见的消极情绪有寂寞、失落、痛苦、孤单、迷茫、沮丧、烦躁、失望。

　　进入青春期后，他人评价对孩子变得更加重要，许多孩子因为认为周围的人都在关注自己而非常留意自己的一言一行。此时，促进孩子情绪表达的关键是帮助他们建立稳定的人际支持系统，让他们感受到向教师、好友、家人表达情绪是安全的。当他们能够在不同的关系中感到被信任、被倾听，他们也就能及时自如地表达自己的感受了。

　　（二）不同学科联动，认识情绪功能

　　除了心理教师，班主任、其他科目教师也可以在孩子的情绪发展方面给予适当的关注。例如，生物教师可以在讲解人类生理进化时，帮助孩子认识到适当的焦虑可以帮助人们更快适应环境，在面对敌人时可以迅速逃跑或做出其他反应；班主任可以带领孩子开展心理主题班会。在本案例中，通过拓展和观察生活中的方方面面，小明可以看到学业焦虑并不是完全不好的，一定程度上它可以提高自己对学业的重视。

　　（三）练习放松，缓解焦虑情绪

　　当孩子出现心跳加速、手抖出汗等明显的焦虑症状时，教师可以通过放松练习帮助孩子平复焦虑感受，如进行多次深呼吸，让孩子觉察此时此刻正在发生什么、自己的肌肉是否是紧绷的、呼吸节奏是什么样的、头脑中有什么想法等。本案例中，小明面对考试时焦虑情绪会加重，这有可能导致他出现惊恐发作。

 小贴士

惊恐发作

惊恐发作（panic attack）也称急性焦虑发作，在青少年群体中的发病率约为 1%。青少年的惊恐发作主要表现为心悸、头晕、胸痛、呼吸困难、发抖出汗等。依据不同的发作程度，临床中会使用药物、认知行为治疗或结合治疗进行干预。

（资料来源：美国精神医学学会，2014，有删改）

面对惊恐发作的孩子，教师应当引导孩子充分放松，并及时告知家长孩子的情况。发作过后，孩子也许不太能清晰地表达自己经历了什么，此时教师可以使用沙盘、绘画、音乐等工具帮助孩子表达。若惊恐发作持续发生，家长应带孩子及时到医院就诊。

（四）家校联合，建立支持系统

在本案例中，小明支持系统中最重要的角色是家长和教师。此种情景下，家长与教师需要互通信息，教师可以通过小明的表现了解其家长的期望，而家长可以通过一些基本的心理健康教育了解小明所处发展阶段的特点。

对于焦虑症状明显的孩子，教师可以与家长共同记录孩子的情绪变化，邀请家长与孩子一同进行放松训练，并为当前的情绪状态打分。

 百宝箱

情绪温度计

情绪温度计的工作原理很像真正的温度计，它是用温度计的形式对情绪进行评分，分数越高就代表不开心的情绪越强烈。

1 分代表很开心，10 分代表非常生气，温度计上的数字可以代表一个人紧张和生气的程度。

　　举个例子，小明有点害怕狗，看到狗的时候感到紧张，要绕着它走，但这不影响他正常上学，此时他可能会在温度计上打 3 分；在另一个情景中，小明的同班同学偷偷拿走小明最爱的一支笔，小明感到非常生气，此时他可能在温度计上打 8 分。

（资料来源：Lazarus，2014，有删改）

（五）注意和其他问题的区分

　　儿童青少年的情绪问题隐匿性很强，做好焦虑情绪与其他情绪问题的区分非常重要。小明这一案例充分展示了青少年在学业压力下的焦虑表现，但也有许多儿童青少年在焦虑之外还有其他的症状表现。比如，注意缺陷/多动障碍的儿童青少年很难遵守课堂纪律，总是很快走神，无法集中自己的注意力；攻击性特质较强的儿童青少年缺少情绪的表达方式，习惯用肢体语言与他人建立连接。

　　在留意到孩子的焦虑情绪时，家长和教师也应看到孩子是否伴有其他需要关注的行为表现，如持续的失眠症状、最近的饮食状态有所下降等。家长和教师能够用开放的态度了解孩子本身的情况，就迈出了陪孩子改善情绪问题的一大步。

 案例二

不爱交朋友的他

　　小宇，男，12 岁，小学 6 年级学生。小宇学业表现中等，性格非常腼腆，很少和老师、同学交流。在自由活动时间，小宇总是孤零零一个人，几乎不会和其他人主动说话。年级组织校内外活动，小宇也总是请假，不愿意参加。

　　三年前，小宇的父亲因为经济犯罪被双规进了监狱服刑，小宇的母亲也因此与其离婚。离婚后小宇母亲去了外地打工，之后很少回家看望小宇。父母离婚后，小宇在 2 年级时换了学校，前往姥姥所在的 S 市读书。生活中，姥姥只能满足小宇的物质需求，很少与小宇沟通、交流。因为女儿的家庭产生变故，小宇姥姥的情绪低落，常常以泪洗面。在家里，小宇没有娱乐活动，唯一的娱乐活动就是陪姥姥看电视连续剧。整个假期，小宇每天就在重复看电视、发呆、写作业、睡觉这几件事。

在班级中，曾经也有一些同学主动找小宇玩。开始时，小宇也会加入同学们的小圈子，但很快会因为某个同学随口说的一句话感到恐慌、生气甚至愤怒。比如，当同学相互问到父母相关的事情时，有同学相互之间聊电子游戏的时候，甚至是当同学赞美"小宇的鞋子很好看"时，小宇都会认为"同学都将焦点放在自己身上，他们知道了自己家发生的事情……"只要这样想，小宇就感到自己压力很大，有时甚至感觉胸口憋闷，喘不过气来；有时候小宇还会因此和同学之间起争执。渐渐地，小宇开始回避，不参与同学之间的活动或者交流；久而久之，同学也不愿意与小宇做朋友。小宇感到自己被孤立了。

 案例解析

需要关注的表现

在本案例中，小宇在人际交往过程中出现了一些问题。小宇在经历家庭变故后几乎不会和他人主动说话，变得非常不愿意参加人际交往活动，对之前的兴趣爱好再也不感兴趣。在和同学相处的场合中，小宇存在片面的认知，经常误会同学关心自己的意图，认为同学在"窥探"自己的家庭情况。同时，小宇表现出强烈的社交焦虑，并伴随明显的身体症状，包括上不来气，甚至呼吸困难。另外，小宇还感到自己被孤立。这些客观情况和小宇的主观感受都需要得到关注。

从家庭背景和所在环境来看，小宇遭遇了非常大的家庭变故。父亲服刑、父母离婚、母亲外出，这些事情让小宇经历了与最重要的两位家人之间的丧失。虽然父亲和母亲还健在，但小宇与他们之间几乎没有联系了。这种父母相继离开带来的丧失感被忽略了，小宇一个人难以消化，逐渐形成了内敛、对外界变化十分敏感的性格。同时，由于小宇缺少照顾者，他不得不来到 S 市与姥姥生活。而姥姥因为女儿的变故，情绪十分低落，顾不上照顾小宇的情绪，加上姥姥与小宇之间的代沟，小宇在新环境中缺少来自家人的理解和稳定的社会支持。

从发展阶段来看，小宇刚进入青春期，面对着自我同一性和角色混乱之间的冲突，他开始更多地思考"我是谁"了。此时，他人的评价像是一面镜子，让小宇可以有新角度看待自己。在此阶段，同辈的影响超过了家庭，小宇开始更加重视同学和朋友对自己的评价。如在与同学聊天时，内敛敏感的小宇总是不由自主地多想，甚至认为同学好像可以"窥探"自己的家庭变故。

从认知角度来看，小宇在和同学相处时有着典型的不合理信念。当同学之间聊到自己时，小宇会以偏概全、过度概括，认为同学不仅是在谈论自己的鞋子，而且也知道自己家里的所有事情。随着这种灾难化的联想，小宇可能会逐渐形成"我不好、我的家庭有问题"的负性自我认知。这种负性认知使小宇的自尊水平变低。在和同学相处的场景中，小宇会更加紧张，生怕自己的言语和表现会让同学们知道自己的事情。久而久之，小宇的负性认知也会影响他的情绪和日常表现。

 小贴士

自尊水平的影响因素

影响青少年自尊水平的主要因素有父母的教养方式、老师和同伴的影响以及个体对自己日常行为的归因（归因方式具体介绍请看本章第一节）。

权威型的教养方式、老师同伴之间的积极互动氛围、灵活的归因方式可以使青少年个体建立对社会规则的认识，更加了解自己是什么样的人，形成稳定的自我认知。

（资料来源：张林，2004，有删改）

从情绪与行为方面来看，小明存在着明显的社交焦虑。这种焦虑不仅表现为小宇主观意识上的烦躁，也体现在喘不上气、心跳加速等身体症状上。适当的焦虑可以帮助个体识别环境中的危险，但过度的焦虑会加速小宇负性认知、消极情绪、回避行为之间的恶性循环。小宇感受到的焦虑情绪越明显，就变得越不愿意与他人交往。当小宇对焦虑情绪十分不耐受时，他会和同伴之间发生争执，而这进一步降低他和同学相处的可能性。

 小贴士

社交焦虑障碍诊断标准

如果孩子符合以下行为条目，并且表现持续存在超过6个月，则有患社交焦虑障碍的可能性，需要到精神科或专科医院就诊：

（1）由于面对可能被他人审视的一种或多种人际交往情况而产生显著的害怕或焦虑，儿童的这种焦虑必须出现在与同伴交往时而不仅仅是与成人互动时；

（2）害怕自己的言行或呈现的焦虑症状会导致负性的评价；

（3）人际交往情况几乎总是能够促发害怕或焦虑，儿童的害怕或焦虑也可能表现为哭闹、发脾气、惊呆、依恋他人、畏缩或不敢在人际交往情况中讲话；

（4）主动回避人际交往情况，或是带着强烈的害怕或焦虑去忍受；

（5）这种害怕或焦虑与人际交往情况和环境所造成的实际威胁不相称；

（6）这种害怕、焦虑或回避引起有临床意义的痛苦，或导致生活、学业等重要功能方面的损害。

（资料来源：美国精神医学学会，2014）

一、常见干预误区

在日常生活中，教师面对小宇的交友状况时，很容易归因为"小宇性格不够开朗"。家长也容易将小宇这类孩子和"别人家的孩子"比较，质问孩子"为什么只有你和同学合不来，其他孩子在校表现都很好"。

在类似的情况中，孩子经常因为自己在人际交往中和同伴不一样的表现承受指责的语气，受到来自成人的批评。这些责备会削弱孩子的自尊感，甚至加重孩子不爱说话、不与人来往、不上学等意志行为减退的表现。对于这类情况，家长和教师应先充分了解孩子不愿人际交往的原因，为其提供充分的支持与陪伴，再循序渐进打开孩子的心结。

二、推荐干预方向

除了上个案例中谈及的焦虑应对方法，对于社交焦虑还有一些其他的干预方式，家长和教师可以尝试使用。

（一）认识焦虑，调节焦虑

当孩子遭受重大的家庭变故，如父母离婚、亲人去世、家庭经济情况变动时，孩子很容易产生焦虑、抑郁、自卑等情绪。当孩子在人际交往场合中感到焦虑时，孩子可能会出现肌肉紧张、心跳加速等症状并产生回避人际交往的行为。此时，家长和教师可以帮助孩子认识情绪的功能。以小宇为例，社交焦虑在一定程度上保护小宇免遭非议以免受到他人言语对自己的伤害。但过度的焦虑影响小宇正常的学习和生活，小宇需要慢慢改变自己的状态。

当孩子在人际交往场合中出现明显的焦虑症状时，家长和教师应充分引导孩子进行放松练习，而不是批评孩子为什么不合群。比如，在小宇因为人际交往感到心跳加速、肌肉紧张时，教师可以带小宇到走廊的角落，通过呼吸放松引导语，帮助他从身体层面降低焦虑，从而降低他主观上的焦虑感受。在这种情况下，心理教师也可以通过沙盘帮助人际交往焦虑的孩子表达情绪。通过逐渐建立信任关系，孩子可以减少社交焦虑，慢慢适应人际交往场景。

 百宝箱

深呼吸练习指导语

请采用鼻子呼气，腹部吸气。请你双肩自然下垂，慢慢闭上双眼，然后慢慢地深深地吸气，吸到足够多时，憋气 2 秒，再把吸进去的气缓缓地呼出。"吸……呼……吸……呼……"呼气的时候尽量充分觉察自己的呼吸节奏，注意感觉自己的呼气、吸气，体会"深深地吸进来，慢慢地呼出去"的感觉。需要时请重述以上指导语。

（资料来源：宋炳锡等，2021）

（二）提高自信，正确认识自我

案例中的小宇因为家庭变故对自己十分不自信，认为自己在人际交往场合中的一举一动都会引起他人对自己的评价。这样的想法导致小宇的自尊水平持续下降。对于这种情况，家长和教师应该帮助孩子树立正确的自我认知，挖掘孩子的积极资源，帮助孩子认识到自己是怎样的人。比如，小宇父亲犯罪并不是小宇的错，小宇不需要为父亲承担责任，更不需要在同学面前抬不起头。

教师可以通过"关于我"这样的活动帮助社交焦虑的孩子建立起恰当的自我概念，这样孩子就能建立起一定的自信心来应对、分辨他人的评价。通过"关于我"活动，孩子可以更加了解自己在不同场合中情绪和行为之间的联系。教师也可以通过这个活动和孩子讨论孩子的个人特征、优秀的品质与暂时的不足，从而帮助孩子在人际交往场合中迈出自己的"第一步"。

 百宝箱

"关于我"

请在填空处写下你想到的关于你的部分：

当我_____时，我感到非常开心。

我的朋友因为_____喜欢我。

当我_____时，我为自己骄傲。

当我_____时，我的家人很开心。

在学校里，我很擅长_____。

我因为_____而独一无二。

（三）调整认知，记录焦虑时刻

心理学家艾利斯（Ellis）提出了 ABC 理论，他认为刺激事件 A（activating event）只是引发行为后果 C（consequence）的间接原因。而引起 C 的直接原因，是个体对刺激事件 A 的信念 B（belief）。在社交焦虑的情景中，小宇有着非常多的不合理信念，如"只要同学看我的鞋子，他们就知道我爸的事情了"。这些不合理信念给小宇带来了许多情绪困扰。

对于社交焦虑的孩子，教师可以帮助孩子总结常见的触发焦虑的情境、验证不合理信念的真实程度、寻找支持不合理信念的证据以及掌握应对方法等。通过"认识我的想法"，孩子可以对自己的情绪有更多掌控感，从而减少在人际交往场合的不合理信念。

 百宝箱

认识我的想法

我 100% 确信 _____ 会发生吗？

生活中有多少次这件事情真的发生了？

有哪些证据支持我的想法？有哪些证据不支持我的想法？

我需要为人际交往场合中的所有对话负责吗？

最坏会发生什么？

我可以如何应对这个场景？

可以从其他角度看待这个人际交往场合吗？

如果我最好的朋友有这个想法，我可以对他/她说些什么呢？

（四）家校联合，寻求专业帮助

对于社交焦虑的孩子来说，最初发现他们不爱交朋友的往往是教师。在这个案例中，小宇经常缺席集体活动而引起了教师的注意。首先，教师可以与小宇单独沟通了解他不愿参加人际交往的原因。平和、耐心的沟通方式可以让小宇感觉到教师和自己站在一起，从而减少小宇在人际交往场合中的为难情绪，增加融入班级活动的可能性。

除了教师，家长也需要思考孩子不爱人际交往的原因并给予充分的支持。通过家校联合，家长可以更加重视孩子在此阶段对他人评价敏感的原因——青春期是自我概念形成的关键期，教师也可以更加具体地了解孩子在学校外的生活，是否存在应激源等。以小宇为例，小宇在小学 3 年级时父亲突然离开，母亲和父亲离婚后很少与自己联系，这可能会给小宇带来强烈的被抛弃感，小宇甚至可能认为是自己不够好才导致父母离开。此时，教师可以推荐小宇参加心理咨询以理解过往经历带给他的影响，帮助小宇认识到父母的离开并不是他造成的。

对于小宇来说，家校联合还可以帮助小宇姥姥了解小宇现在的状况。同时，由于小宇母亲婚姻变故，小宇姥姥也表现出心情低落、什么都不愿做等抑郁症状。在家校联合中，教师也可以向姥姥介绍一些心理服务资源，如邀请姥姥参与家庭咨询，对姥姥做一些心理健康教育，让姥姥了解不同阶段的人在面对丧失、哀伤的常见反应，帮助姥姥更好地理解其自身和小宇身上出现的症状。

（五）注意其他行为问题

小宇这一案例充分展示了青春期个体在人际交往场合下的焦虑，但也有许多孩子在其他情绪问题中有着类似的表现。如存在抑郁症状或诊断抑郁症的儿童青少年也会产生不愿人际交往、不爱说话、兴趣爱好减少等行为退缩表现，而且多数情况下他们还伴有睡眠减少、食欲下降、心情持续低落的表现。

当孩子的情绪问题持续时间较久，如超过 1 个月时，家长和教师应充分了解孩子的需求，并留意是否存在其他情绪及行为问题，必要时带孩子去专科医院就诊。当孩子的情绪问题受到家长和教师的重视时，这个问题才更有可能被解决。

第三节　抑郁

孩子抑郁，甚至因为抑郁伤害自己都是在学校里可以观察到的一些现象。以下两个案例都描述了受到抑郁折磨的青少年。让我们一起通过案例走近他们，看看该如何帮助这些正在呼救的孩子。

案例一

家里自卑的妹妹

小甜是某初中9年级的女生，不知从什么时候开始，她总觉得自己一无是处，什么都不如别人，时常觉得自己是父母的累赘，不知道活着有什么意义。小甜有个姐姐，各方面都很优秀。小甜出生时，母亲年龄比较大，生产时候难产。小甜身体比较弱，从小到大经常生病。由于身体不好，她不能参加大运动量的体育活动，所以尽管学业表现非常不错，可总是很自卑。有同学曾嘲笑她，说她说话、做事很幼稚，她也看不到自己的一点点优点。

小甜父母关系不好，经常吵架，父亲经常不在家，所以她从小就很害怕父亲。小学的时候更多是自己独来独往，被同学欺负了回家告诉母亲，母亲还说"她为什么只欺负你，怎么不欺负别人"，这让她感到很难受。小甜个头不小，但胆子很小。

升入初中以后，小甜找不到知心朋友，她自己爱好写小说，可母亲说写那些东西又不能当饭吃，还花功夫耽误学习，禁止她写。一次偶然的机会，她不小心用刀割伤了手指，看到血流出来的时候，她竟然有莫名的快感，从此她就会在感到特别压抑难受的时候用刀子划伤手指，看着血一点点流着，她心里就会舒服一些，但过后又会害怕，觉得这样会不会死掉，有时候也会怀疑自己是不是疯了。小甜总感觉活在痛苦中，感受不到快乐。

 案例解析

需要关注的表现

在本案例中，首先需要引起关注的是小甜的自伤行为。小甜总是通过割伤自己的方式来获得控制感，发泄心里的难受和压抑。这不仅给小甜的身体增加了很多伤疤，也让关心小甜的人感到痛心。其次，小甜在人际交往、学业上表现出的不自信、自卑状态也需要得到家长、教师的强烈关注。小甜在同伴交往中被嘲笑，甚至被欺负，家长和教师应警惕校园霸凌的出现。同时，小甜几乎没有了兴趣爱好，不愿参与活动，心情持续低落，这是非常典型的抑郁症状。甚至，小甜存在被诊断为抑郁症的可能性。以上部分都应引起家长和教师的重视。

从心理发展阶段来看，青春期的小甜容易出现情绪波动大且不稳定的情况。该阶段的青少年对他人的情绪有着更强的洞察力，也会更加熟练地运用情绪表达的社会规则。如案例中的小甜发现表达情绪的环境并不安全时，她会选择性表达情绪或是拒绝表达，更多使用回避的策略应对自己的情绪。但由于表达情绪的需求一直没有得到重视，小甜的抑郁情绪逐渐积累，表现为越来越明显的抑郁症状。

从生理发展阶段来看，小甜身体不好，经常生病，这导致小甜不能参加大部分体育活动。一方面，这种缺席使得小甜难以在学校的体育活动中结交朋友，也很少能通过运动调节情绪；另一方面，身体状态和心理状态之间的关系密不可分，小甜在成长发育过程中的不顺利可能给其心理发展带来了很多影响，小甜在认为自己学业、人际上的状态都是由身体问题导致时就会陷入自责与不断的反刍中。

从家庭角度来看，小甜的家庭支持系统非常不完善。作为家中第二个出生的孩子，小甜在面对各方面都很优秀的姐姐时总是处于"被比较的角色"，这给小甜带来了许多同辈压力。另外，小甜母亲在生小甜时经历了难产，这导致小甜身体素质不太好，总需要家人的照顾。面对这种情况，小甜的家人并没有给予小甜充足的支持和关注，无形中让小甜形成了"我是这个家里的累赘"的想法。在小甜因为身体条件被同学嘲讽、欺负时，小甜母亲给予小甜的并不是关心，而是批评和指责，这进一步降低了小甜的自尊水平，让她认为自己是个"没价值的人"。同时，小甜父亲在小甜的教养过程中一直缺位，父亲与母亲之间经常争吵可能给小甜留下"爸爸很凶，他是个很难接近的人"这一印象。这使得小甜不自觉害怕父亲的存在，从而导致小甜和父亲很疏离。小甜缺少来自男性角色的教育，难以形成全面的性别认同和自我认识。

从认知角度来看，小甜存在严重的认知歪曲，即便她在不同科目的学习过程中都表现得非常优秀，仍认为"我很差"，甚至想通过自伤自杀的方式减少抑郁情绪带来的痛苦。对于抑郁症状明显的儿童青少年来说，他们的核心信念是"我不好"。这种信念会导致他们用一副"有色眼镜"看待自己的生活，即忽略所有的优点和长处，将全部精力用来责备自己，问自己"为什么这件事我做成了这个样子？为什么只有我做得不好？为什么只有我是家里的累赘……"这种反刍思维会加重孩子的抑郁情绪，让他们无法灵活地享受生活、接触当下。

 小贴士

思维反刍

人们沉浸于悲伤和忧愁中，头脑中萦绕的痛苦念头挥之不去，这种现象被定义为"思维反刍"（rumination）。思维反刍是一种对负性情绪本身及其可能原因和后果的反复思考。当沉浸在负面想法中无法自拔时，这个过程就像反刍动物一样把早已消化的念头不断地拿回来反复考量，因此被称作"思维反刍"。

从情绪和行为角度来看，小甜的抑郁情绪非常明显，明明处在花朵一样的年纪，却与快乐之间隔了一层屏障，无法享受生活带给自己的乐趣。朋辈方面，小甜很少参与和同学之间的体育运动，这导致自卑情绪的萌发。小甜好不容易找到写小说这一兴趣爱好，但遭到母亲的强烈打压，这使小甜的自我效能感进一步下降。偶然间，小甜发现主动的自伤行为可以让自己获得控制感，这也就出现了开头让人心痛的一幕：小甜总用刀子划伤手指，让血一滴一滴地流出来……

一、常见干预误区

面对心情持续低落的小甜，对抑郁症状缺少了解的家长和教师可能会表达出类似"你才多大就愁眉苦脸"的观点，认为她应该变得阳光一点。但是出现抑郁症状并不是因为小甜不够积极阳光，而是生物、社会、心理多方面因素共同作用的结果。

有些家长缺少对情绪问题的认识，对孩子的自伤自杀想法和行为避而不谈，认为这么年轻就想伤害自己是可耻的，这种信念会进一步降低孩子的自我价值感，导致抑郁症状甚至是自伤自杀行为的加重。

二、推荐干预方向

面对有抑郁症状的孩子，使用不同的沟通方式接近孩子，让孩子正确理解抑郁是什么，降低病耻感，及时地进行诊断及治疗都是非常重要的干预点。具体的干预方向如下：

（一）运用多种沟通方式，帮助孩子表达

对于抑郁症状明显的孩子，家长和教师首先要知道孩子究竟发生了什么。案例中小甜母亲对小甜批评和指责的态度非常不可取。只有通过建立安全、稳定的氛围，孩子才能打开心扉，把自己认为可耻的"我不好、我很差"讲出来。

 百宝箱

"我来听你来说"

（1）不提问：不问孩子"为什么"。

（2）不指责：不用批评的态度与孩子沟通，不用指责的语气，如"你怎么这个样子"。

（3）多倾听：在孩子讲完话之前不打断。

（4）多复述：重复孩子的话，让孩子感到家长理解自己。

对于部分孩子来说，即便营造了安全的氛围，他们还是不愿表达自己的真实想法，或是抑郁症状已经影响他们的表达了。这种情况中，教师可以通过艺术（如绘画、音乐、舞蹈）等非言语的方式让孩子自由表达内心的感受，也可以使用沙盘的方式让孩子构建自己的世界。

小贴士

沙盘治疗

沙盘治疗也称箱庭疗法，是指在咨询师的陪伴下，来访者从摆放各种微缩模具(玩具)的架子上自由挑选小模具，摆放在盛有细沙的沙盘里，创造出一些场景，然后由咨询师运用荣格的"心象"理论去分析来访者的作品。

沙盘游戏治疗过程十分注重共情与陪伴，微缩模具在"沙盘"中发挥原型和象征性的作用，咨询师通过讨论和分析帮助来访者探索自己，进而达成咨询目标。

(资料来源：冯冬梅等，2010)

(二)进行心理教育，让孩子认识抑郁症

小甜在学校中经常被欺负，几乎没有知心好友。教师可以通过咨询、沙盘等方式帮助小甜了解自己的情绪状态。同时，教师可以通过开展心理健康课帮助孩子更好地认识情绪。比如，抑郁症和身体疾病有很多相似的地方，如孩子早晚上学放学，当天气温差很大时，身体免疫力降低，比较容易感冒，抑郁症同样地也会在孩子心理层面的"免疫力"较低时出现；和生病了需要吃药、看医生一样，抑郁症也可以通过寻求专业的帮助、身边教师同学的支持逐渐被治愈。

通过心理教育，孩子可以了解青春期个体在不同情绪下的表现和状态，也可以更好地包容小甜，帮助小甜，从而让小甜在班级中感到被接纳。

(三)及时诊断，减少对心理障碍的污名化

在小甜的案例中，小甜频繁出现自伤行为，抑郁症状也影响她的正常生活了。这种情况下，家长需要带领小甜去精神科或是专业的医疗机构就诊。患有抑郁症的个体体内五羟色胺(5-HT)浓度会显著下降，这导致他们很难感受到快乐。在一些案例中，医生会给孩子开一些精神科药物，帮助他们改善抑郁状态。

很多家长或教师对于精神科药物存在污名化的认识，认为"只有精神病才会吃药"。这是对心理障碍的污名化，只会让孩子蒙上更多的羞耻感。直面问题才

能解决问题，此时孩子最需要的是坦诚的交流。心理障碍和感冒发烧一样，当精神层面的免疫力变低、外部应激源带来刺激时，孩子就会生病，但只要及时就诊、吃药、做好自我照顾，孩子依然可以回归到原来的生活中。

（四）持续危机评估

对于存在自伤自杀想法的孩子，家长和教师需要进行持续地评估，了解孩子是从什么时候开始出现这类想法的，过去是否曾经有过伤害自己的行为，哪些情境会触发孩子的这类想法，孩子想用或是会用什么样的具体方式伤害自己。评估进行得越具体，孩子的生命安全就能在越高的程度上得到保护。

有的家长和教师可能会纠结"如果我和孩子聊自杀，会不会反而让孩子想自杀？"事实上，只有开诚布公的交谈才能降低孩子对于自伤自杀想法的羞耻感，才能让孩子感受到家长和教师与自己站在一起，从而一起解决问题。

 百宝箱

安全计划书

步骤 1：可能会出现危机的预警信号（如想法、画面、处境、行为）。

_____

步骤 2：我的应对策略——在无须联系他人的情况下可以尝试的自我调节方法（如放松练习、体育锻炼等）。

_____

步骤 3：可以让我转移注意力的人或环境。

（1）姓名_____ 联系方式_____

（2）姓名_____ 联系方式_____

（3）地点_____

（4）地点_____

步骤 4：我可以寻求帮助的人。

(1)姓名_____ 联系方式_____

(2)姓名_____ 联系方式_____

(3)姓名_____ 联系方式_____

步骤 5：我可以在心理危机出现时联系的专业人员或专业

机构。

(1)咨询师姓名_____ 紧急联系方式_____

(2)临床医生姓名_____ 紧急联系方式_____

(3)所在地心理危机干预热线_____

(4)全国心理危机干预热线_____

(5)所在地可寻求帮助的医院地址_____

步骤 6：我可以做这些让我的环境变得更安全。

(1)_____

(2)_____

对我来说最重要，值得为之活着的事情是_____

（资料来源：理查德、伯尔，2018）

（五）家庭治疗，完善支持系统

儿童青少年抑郁症状的成因很复杂，表现也很多样。但无论是哪种情况，孩子的家长、教师都需要给予孩子充分的支持，让孩子感受到"我并不是没有价值的"。对于小甜来说，小甜的母亲对于抑郁症状缺少认识，在教养过程中总是使用批评和指责的语气，这会导致小甜的自我价值感进一步降低。

通过家庭治疗，小甜的母亲可以学习新的表达方式，尝试用温和、平等的态度和小甜沟通。在家庭治疗中，小甜的家长也可以更充分地了解到小甜发生了什么，一同制订应对计划。家庭治疗也可以让小甜的父亲参与进来，让所有的家庭成员了解目前的挑战，看看每位家庭成员可以做些什么帮助小甜。

（六）行为激活

抑郁症状明显的孩子，最典型的表现就是什么也不想做。如之前提到的，认知、行为、情绪三者相互作用、相互影响，因此行动起来可以在一定程度上减少抑郁情绪。

行为激活是广泛意义上的动起来，不仅仅指运动。以小甜为例，小甜可以通过写小说让自己感受到价值感，还可以尝试和其他小说作者交流获得朋辈支持。考虑到小甜正处在初升高的阶段，小甜的家长和教师可以帮助小甜制订行为激活周计划(见表 4-1)。这些看似不起眼的小行动，都可以切实地帮助抑郁症状明显的孩子。

 百宝箱

行为激活周计划

列出让你有正向体验的活动清单。如果你经常感到沮丧或者缺乏热情，完成复杂的任务对你来说可能是十分困难的。此时，你可以从简单的目标出发，一点点地去完成更有挑战性的任务。

表 4-1　行为激活周计划

日期	早上	下午	晚上
示例	早上 8 点醒来；吃一顿饱饱的早餐。	散步 15 分钟。	给朋友打电话；弹吉他。
星期一			
星期二			
星期三			
星期四			
星期五			
星期六			
星期日			

(七)注意与其他问题的区分

对于抑郁症状明显的孩子，家长和教师应充分留意他们是否还伴随其他症状。比如，间歇性的心境高涨，认为自己"无所不能"，有着语速加快、持续兴奋等躁狂表现。当孩子高涨和低落的心境周期性交替出现时，需要警惕双相情感障碍的可能。如果孩子伴有幻听、幻视等幻觉出现，总是能听到并不存在的声音或是看到并不存在的事情，家长需要尽快带孩子去精神科或专业医疗机构就诊，排除精神分裂症的可能性。

 小贴士

重性抑郁障碍诊断标准

如果孩子在2周内的表现符合下面9个条目中的5条及以上，其中至少1项是心境抑郁或丧失兴趣或愉悦感，那么孩子存在患有重性抑郁障碍的可能性，家长需要及时带孩子去医院就诊：

（1）几乎每天大部分时间都心境抑郁，儿童青少年可以表现为心境易激惹；

（2）几乎每天或每天的大部分时间，对于所有或几乎所有活动的兴趣或乐趣都明显减少；

（3）在未节食的情况下体重明显减轻，或体重增加，或几乎每天食欲都减退或增加；

（4）几乎每天都失眠或睡眠过多；

（5）几乎每天都精神运动性激越或迟滞（由他人观察所见，而不仅仅是主观体验到的坐立不安或迟钝）；

（6）几乎每天都疲劳或精力不足；

（7）几乎每天都感到自己毫无价值，或过分地感到内疚；

（8）几乎每天都存在思考或注意力集中的能力减退；

（9）反复出现死亡的想法，反复出现没有特定计划的自杀意念，或有某种自杀企图，或有某种实施自杀的特定计划。

（资料来源：美国精神医学学会，2014）

案例二

频频伤害自己的他

小文，男，18 岁，高中 3 年级理科班学生。小文身高 170 厘米，体重 200 斤，因为胖胖的身材经常受到班级里其他同学的嘲笑。班级里面有几个男生经常欺负小文，他们总叫小文"臭胖子"，放学还总堵着小文，不让小文回家。如果不交足够的"保护费"，他们就会殴打小文。小文最开始想和父母说这件事情，但发现班级中只有自己被欺负后便认为这是自己的问题。小文的学业表现一般，但是他总期待自己可以通过努力提升学业表现至优秀。然而，这样的期待让他感到学习压力很大。

班级中小文很孤僻，独来独往，不怎么和同学交往。小文比较喜欢历史，曾经尝试和同学聊自己感兴趣的话题，但却被对方说"很装"。他认为自己这么胖，学业表现一般，同学肯定看不起自己，自己一无是处。小文经常用刀划自己的胳膊，觉得活着没意思。小文总是伤害自己的行为引起了班主任的注意，班主任让小文母亲带小文去精神科就诊，小文被诊断为中度抑郁。医生给小文开了精神科药物，但小文认为自己毫无价值，没有必要吃药让自己好起来，一直拒绝服药。

班主任了解到，小文的家庭状态比较复杂。父母在他很小的时候离婚了，但为了不伤害小文，他们还在一个家里居住。小文一直不知道这件事，直到上了初中，他无意中看见了父母的离婚证，母亲才告诉他这件事。小文对这事非常生气，觉得父母没有尊重他，没把他当成这个家庭里的成员。他觉得一切都是假的，更觉得自己前途渺茫，未来没有出路。从那时候开始，他常常感觉周围世界是虚幻的，并思考自己到底是不是这个世界的人。他不断地伤害自己，总想验证自己会不会疼，生活是否真实。

案例解析

需要关注的表现

本案例中，小文在言语上和身体上都遭到了校园霸凌，小文经常因自己的身材被同学讥笑，几个同学也经常在回家路上殴打小文，这让小文受到了很大的伤害。

另外，小文存在明显的自伤行为，经常划伤自己。小文生活中非常孤僻，并在学业上对自己有非常高、难以达到的期待。小文总是认为自己不好，也不愿向家长和教师求助，甚至认为遭受欺负和霸凌都是自己的原因。同时，小文对未来感到十分迷茫，不断陷入反刍思维。针对以上部分，家长和教师都应给予足够的关注。

从发展阶段来看，小文今年 18 岁，步入了发展的第六个阶段——成年早期。依据埃里克森的人格发展阶段理论，小文在此阶段面对着亲密对孤独的冲突。但在生活中，遭受霸凌、父母离婚的小文几乎没有任何能让自己感到亲近的人。这让小文感到十分孤独，甚至在生活中没有存在感。同时，出于对自我同一性——"我是谁"的探索，小文会更加注重他人对自己的评价以完善自我认同，但小文在学校总被嘲笑很胖，并因此被欺负，这导致小文很难形成较高的自尊水平，总是认为"我很差"。此外，小文处在关键的高三升学阶段，他所面对的是求学生涯中让人压力最大的考试，小文缺少排解压力的方法，甚至只能通过伤害自己来排解情绪。

从人际方面来看，小文非常缺少来自同辈、教师的支持。一方面，小文因为自己的外表总是被班级同学嘲笑、霸凌，身体上和心理上都受到了严重的伤害，但他认为被欺负是自己的原因，不曾主动寻求家长、教师和其他同学的帮助；另一方面，家长和教师对小文的低落状态也没有太多留意，其他同学在面对小文被霸凌的情境时因担心自己遭受相同的霸凌情境而选择沉默。小文曾经尝试在同学中发展好朋友，但自己喜欢谈论的历史话题不被同学理解，这让他再次遭到同学的嘲笑，导致他在人际关系中又一次受到伤害。这也是小文不愿意与他人交往的重要原因。长此以往，小文可能形成了"与人交往＝让自己受伤"的观念。

 小贴士

什么是校园霸凌？

校园霸凌也称校园欺凌，它是一种特殊类型的攻击行为，是发生在学校情境之中，一个或多个学生对另一个或多个学生故意施加的伤害行为，且对被伤害方的身体、心理、财产等方面造成了损害。可以分为以下类型：

（1）关系霸凌：操弄人际关系，与言语霸凌经常一起发生。

（2）言语霸凌：以语言暴力的形式发生，虽然不给受害者带来直接的伤口，但它所造成的心理伤害，有时比肢体伤害更严重。

（3）肢体霸凌：以肢体暴力的形式发生，它是最容易辨认的校园霸凌类型，是教育工作者最常关注的一种类型。

（4）性霸凌：是指受害人被他人用与性有关的有害语言、行为或影像等实施的侵犯。

（5）网络霸凌：上述所属的霸凌行为通过网络发生，可称作网络霸凌。

（资料来源：宋炯锡等，2021，有删改）

从家庭方面来看，小文的父母离婚多年，但初中后小文才知道这件事。小文认为自己作为家里的一员，没有得到父母的尊重。父母离婚这件事对小文产生了强烈的冲击，小文开始怀疑自己在世界上存在的意义。小文知道父母离婚之后的时期正是需要父母给予小文更多关注的关键时期，如果此时父母能够帮助小文正确认识离婚，让小文感受到"即便父母分开生活，他们也是爱自己的"，小文可能就不会有过多的抑郁情绪了。但在小文小时候，小文父母之间感情就十分疏离，这种不鼓励表达的家庭氛围导致小文缺少对情绪表达方式的学习，使得小文在长大后面对抑郁情绪时无从下手，并认为都是自己的错。

从情绪和行为方面来看，小文一直被自己的"都是我不好"的想法困扰。在校园霸凌、父母离婚这两个重大应激源下，小文适应性地产生了抑郁、自责的情绪。但小文缺少对校园霸凌、父母离婚的应对方式，不知道自己要怎么做，也不愿意求助别人，这导致他的抑郁情绪一直存在，并明显影响他的人际交往、学业表现、家庭生活。面对自己的抑郁情绪，小文缺少调节方法，只能通过割伤自己的方式，这虽然让他感到疼痛，但困扰他的情绪似乎可以从伤口流走，这让他获得一部分对自己情绪的控制感。同时，小文一直处在强烈的低自我价值感中，这使得他对自己的学业有着很高的期望，希望通过好的学业表现来向他人展示自己的优秀，弥补较胖身材的"短板"。但由于对自己的学业期待过高，小文在每次考试过后都会感到失望，并因此再次陷入痛苦中。

 小贴士

抑郁的典型"三低"表现

（1）心境持续低落；

（2）思维迟钝，感到明显的反应变慢；

（3）意志行为减退：过去的兴趣爱好对现在毫无吸引力，什么也不想做。

（资料来源：美国精神医学学会，2014）

一、常见干预误区

在类似小文的情景中，家长和教师很可能评价孩子"多愁善感、脆弱"，并带入自己的已有经验理解孩子，认为"自己在上学时没有这么多的问题，怎么到了孩子这儿问题这么多"。这种思考不仅无法帮助自己理解孩子的真实处境，也会让孩子感受到责备的语气，更难和家长、教师表达自己的真实想法。

另外，对于一部分被精神科医生诊断出心理障碍的孩子来说，坚持服药遵医嘱是十分必要的。但很多家长非常抗拒孩子服用药物，认为"吃了药，我的孩子就有精神病了"。这样的态度对改善孩子的状态没有丝毫益处，还会耽误孩子心理障碍的治疗。

二、推荐干预方向

针对抑郁的干预除了之前谈及的部分，还包括因遇到校园霸凌而导致的抑郁可尝试的干预，家长和教师可以从以下几个方向入手。

（一）全面评估危机状况

本案例中，最让人触目惊心的是小文在初中知道父母离婚后频繁伤害自己。从发现小文自伤一直到现在，小文的家长和教师都没有对小文进行全面、正式的危机评估。这种略微模糊的态度会进一步加重小文的低价值感，甚至导致小文出现"是不是因为我不好，所以没有人想要关心我"之类的想法。

这种情况下，教师应该对自伤或自杀危机情况有一定的意识。同时，教师需要将孩子及时转介给学校的心理咨询师或者心理教师进行危机方面的评估。比如，了解小文第一次伤害自己时的想法，伤害自己后的感受，过去和现在自伤行为的频率，是否有进一步的自伤计划，以及目前生活中手边是否有很容易拿到的割伤自己的工具等。只有充分了解小文的危机情况，小文才能感到教师正和自己站在一起探寻解决情绪问题的可能性。

 百宝箱

危机评估问话方式（教师版）

从什么时候开始伤害自己？

第一次伤害自己是什么时候？

会多久伤害自己一次？

伤害自己之后是什么感觉？

会使用什么工具伤害自己？这些工具在你手边容易获取吗？

是否有进一步伤害自己的计划？想要怎样伤害自己？

（二）记录情绪变化

在成长过程中，小文缺少对情绪的学习和理解。在家庭中，小文几乎没有学习到如何识别情绪、理解情绪(参照本章第一节)。同时,作为男生,小文在传统文化下接受的"男孩子要坚强"的观点又让自己与情绪之间的距离变远了很多。

教师可以对高中 3 年级学生针对性地开展以放松目的为主的心理健康课,帮助学生识别、理解自己在压力比较大的时候会出现的情绪,如焦虑、抑郁等。本案例中,教师可以邀请小文记录自己的情绪,观察自己在什么情况下状态会变好、什么情况下状态会变差,为找到适合自己的情绪调节策略做铺垫。

 百宝箱

情绪的海洋

在"情绪的海洋"中记录近一段时间(半个月或一个月)的情绪。横坐标表示时间,纵坐标表示该情绪在当天的强度。在相应的位置标出圆点或其他的图形做标记,也可以选择不同颜色的标记,然后,将点连成线,观察自己最近一段时间什么情绪在生活中占主导地位,分析自己情绪的起伏状态,学会觉察自我的情绪。

(三)拒绝校园霸凌,增进班级团结

在小文的案例中,校园霸凌对小文造成了巨大的创伤。由于霸凌行为并没有停止,小文依然是霸凌行为的直接受害者,甚至可能因为被霸凌的经历遭到更多嘲笑与伤害。

对于家长和教师来说,最首要的事情是阻止校园霸凌的再出现。教师可以通过对小文和其他同学单独访谈的形式了解霸凌情况。在了解情况后,教师需要对霸凌者为什么做出霸凌行为开展工作。一方面,对于不遵守规则的行为,如嘲笑、殴打小文,霸凌者需要明确道歉;另一方面,教师也要从霸凌者的角度看看是什么原因造成了霸凌行为,针对性地进行教育。

对于班级其他学生来说,虽然没有直接遭遇霸凌,但目睹霸凌在自己身边同学身上发生也会给自己带来复杂的感受。教师可以在心理健康教育课上了解学生对霸凌的态度,教授面对霸凌的正确处理方法,如及时汇报教师,告知家长寻求帮助等。只有这样,才能杜绝霸凌行为的再次发生。同时,教师也可以在班会课上多多开展促进班级凝聚力的活动，让学生愿意更加信任班集体的力量。

 百宝箱

活动：大家一起来"抱团"

随机选择一个同学为报数者，他可以在 1～9 之间选择任意一个数报数。无论报出来的数字是几，都需要同学们以最快地速度组建人数等于所报数字的组。比如，所报数字是 3，那么需要同学们尽可能快地组建 3 人小组，依此类推。

该活动需要同学们快速准确地组建符合数字的组，没有与他人建立小组的同学作为下一个报告数字的同学。活动结束后，请同学们分享"抱团"成功或未成功时的心理感受。

（四）寻求专业帮助，拒绝病耻感

正如本章第一节所提到的，青少年群体的心理障碍发病率不可小觑。但在心理障碍的治疗过程中，青少年和其家长经常会出现病耻感。

对于小文来说，在高中 3 年级被诊断为中度抑郁后，小文拒绝服药，理由是认为自己不好。小文家长对小文服药的态度也十分模糊。这种情况下，教师应该采用家校联合的方式，帮助小文和其家长重新认识服药的必要性。对于诊断为抑郁症的孩子来说，药物治疗结合心理咨询是最好的治疗方式。药物治疗结合心理咨询改善抑郁症的效果为 71%，而只使用心理咨询时，改善效果仅为 43.2%。教师可以建议小文预约学校的心理咨询，通过"药物＋咨询"的治疗方式缓解自己的抑郁情绪。

（五）注意和其他问题的区分

本案例中的小文出现了典型的抑郁表现，相对及时地被诊断为中度抑郁。但很多青少年表现出来的症状比较复杂，如当青少年出现持续 6 个月以上的无法集中注意力、多动行为时，要考虑是否存在注意缺陷/多动障碍。另外，当青少年同时出现周期性的心境高涨时，要警惕双相情感障碍的可能性。无论是哪种情况，家长都应带孩子前往专业的精神科或医疗机构接受评估。

第四节 愤怒控制问题

情绪控制失控，尤其是愤怒失控，是儿童青少年由于大脑中的情绪控制机制未完全发展好，加上环境影响而出现的一种现象。通过以下小蓝的案例，家长和教师可以一起看看怎么帮助小蓝这类的孩子。

 案例

我控制不住我自己

小蓝今年10岁，是某小学3年级的一位女生。班里同学对小蓝的第一印象是小蓝思维活跃但是情绪不稳定且无法预测，非常普通的事件也能让她变得很愤怒，甚至会对同学使用暴力。比如，有一次语文课代表和老师说小蓝没有交作业，小蓝听到以后痛斥课代表"神经病"，这让课代表感到很委屈和生气。小蓝的行为还比较偏执，只要是她认定的事情就不管三七二十一都必须按照她的想法去完成。因此当小蓝和别人意见相左时，很容易和别人起冲突，这也让小蓝很难融入集体。小蓝大多数时候都是一个人独处，脸上好像写着"请勿靠近"的字样。小蓝在学校里没有朋友，无法与同伴之间建立稳定的人际关系，学校的老师也对如何教育小蓝感到束手无策。

老师了解到小蓝父母的脾气都不太好，经常会吵架、相互指责。有时候，父母会把愤怒的情绪发泄到小蓝不写作业、学习不好的事情上。小蓝的父亲和母亲都曾因为小蓝不听话、学习不好严厉对待过她。有时候小蓝的父亲也会因为一时生气而摔手机或者是家里的餐盘。整体而言，小蓝的家庭中充满了愤怒和争吵。

案例解析

需要关注的表现

本案例中，小蓝在人际关系、情绪管理、学校学习方面都存在一些问题。在学校，小蓝几乎无法做到和同学好好讲话，对方随便说的一件事都可能触发她的愤怒情绪。小蓝缺少正确表达愤怒情绪的方式，当小蓝感到愤怒时，她通过骂人、攻击他人的方式表达自己的情绪。对愤怒情绪缺乏认识和管理使小蓝被同伴疏离，小蓝变得越来越孤独，教师也没有办法对小蓝进行教育。长此以往，小蓝很难适应社会规则，无法进入下一个发展阶段。

从情绪发展角度来看，小蓝在学习生活中阴晴不定，身边人无法理解小蓝的情绪变化。小蓝感受到的情绪比较单一，无论是难过、委屈还是生气，她都习惯用愤怒的方式来表达。同时，小蓝缺少对愤怒的认识，认为自己辱骂同学、对同学施加暴力的行为是在人际关系中占上风的表现，她将这些行为理解成"只有我这样做，大家才会按照我的想法来"。在和他人沟通的场景中，小蓝也不会直接表达自己的需求。当语文课代表和教师说小蓝没有完成作业时，小蓝只感受到课代表"打小报告"带来的气愤和难过，而没有从自己的角度反思是什么原因没有交上作业。小蓝缺少对他人的共情能力，这种单一僵化的沟通方式使小蓝无法灵活地在不同场合做出符合规则的反应。而愤怒像一个"保护罩"将小蓝和外界隔离开，不仅隔离掉了外部世界给小蓝带来的伤害，也屏蔽掉了小蓝和同伴们正常交往的可能性。

从行为发展角度来看，小蓝在面对冲突和问题时习惯使用大喊大叫、偏执吵闹的行为来处理。在小蓝的世界中，似乎只有通过这种方式才能证明自己在家庭、学校、同伴中的存在。10岁的小蓝处在埃里克森人格发展阶段的第四阶段——勤奋对自卑阶段，如果在这一阶段中小蓝能够顺利地学习适应社会的技能，就可以获得足够的勤奋感，就会在未来的生活中充满信心；但如果不能顺利学习与人沟通、适应社会规则的技能，她就会变得自卑，用言语上、身体上的攻击行为给自己构建一层厚厚的"保护罩"，这样做他人就不会看见自己的自卑，自己也不会产生更多难过的情绪。此外，小蓝的愤怒行为也是表达自己需求的一种方式，成长在一个充满愤怒的家庭环境中，只有通过放大自己的情绪，甚至是使用极端行为的方式，才能唤起父母对自己的关注。这种愤怒行为像是一种信号，它向外界呼喊"小蓝需要关注，小蓝需要被平和地对待"。

从家庭角度来看，小蓝所在的家庭对小蓝缺少足够的支持。小蓝的父母经常吵架、相互指责，这会让小蓝在成长过程中习得类似的沟通方式。小蓝父母在家庭中很少表现出愤怒之外的情绪，这使得小蓝对情绪的认识比较单一，似乎除了愤怒，生活中没有其他的情绪。小蓝还是家里的替罪羊，当父母心情不好时，小蓝总是要被指责。当面对学业和生活困境时，小蓝得到的不是来自家人的支持，而是父母的批评和指责。这会让小蓝感到委屈，而小蓝缺少释放情绪的方式，只能通过攻击的方式向同学和教师发泄。

一、常见干预误区

在生活中，教师面对类似小蓝的情绪问题时，可能会通过批评教育等严厉的方式帮助孩子建立规则感，处理愤怒情绪。但很多情况下，教师态度越严厉，孩子的愤怒情绪越明显，越容易发展出更多攻击性行为。

许多家长可能和教师态度类似，认为只有严厉对待才能帮孩子建立规则。但在很多情况中，这种教养方式反而会加重孩子的逆反心理。除此之外，一些家长在孩子出现情绪问题时无法给予足够的关注，甚至认为孩子的问题是自己的负担，久而久之，孩子也会认同自己是家庭负担的想法而萌生"自暴自弃"的念头。

二、推荐干预方向

对于小蓝这类情绪控制困难的孩子，家长和教师可以从以下方向入手进行干预。

（一）认识愤怒，灵活使用情绪温度计

对于低年级的孩子来说，当他们不理解自己的感受或者无法用语言表达时，他们更有可能做出家长和教师眼里"不正常的反应"，如在生活中面对冲突和不舒服时，小蓝从没表达过"我感到很愤怒"，但她的愤怒情绪一直没找到出口，因而她会做出一些破坏规则的事情来吸引他人的注意。

对于低年级的孩子，教师可以在心理健康课上教授基本的感觉词汇，如"生气""悲伤""快乐"和"害怕"。同时，教师也可以教孩子使用本章第二节中的"情绪温度计"评判自己现在处在哪一级别的愤怒状态。比如，当孩子微笑心情还不错时，孩子的愤怒温度是 0；当孩子因为生气感到脸红时，愤怒程度可能是 3；当孩子脸上有着明显的生气表情，如皱眉、撇嘴等，孩子的愤怒程度可能是 5；当孩子紧紧攥着拳头时，孩子的愤怒情绪可能是 7。通过帮助孩子标记愤怒时的愤怒程度，孩子可以更好地理解自己的情绪并描述它们。

（二）识别愤怒信号，暂停攻击行为

对小蓝来说，正是因为她无法识别愤怒的信号，所以她的情绪波动非常大，她会一下子从平静状态进入到愤怒状态，让周围的同学和教师不知所措。这种情况下，教师可以帮助小蓝识别自己感到愤怒前发生了什么。比如，当小蓝快要爆发愤怒情绪时，小蓝的心跳和呼吸会变快，她会攥紧自己的拳头，认识这些信号可以帮助小蓝暂缓做出攻击行为。

 小贴士

儿童常见的愤怒信号

英国国家医疗服务体系认为儿童常见的愤怒信号有：①心跳变快；②肌肉紧张；③咬紧牙关；④攥紧拳头；⑤胃痛，不舒服。

（三）创造"冷静角"

在识别情绪后，家长和教师可以帮助孩子制订应对愤怒的计划。对小蓝来说，因为缺少其他表达愤怒的方法，小蓝只能通过大喊大叫、扔东西甚至是攻击同学的方式排解自己的愤怒。这种情况下，教师可以在班级或学校心理咨询室设置"冷静角"，"冷静角"中有彩笔、绘本、贴纸、玩具等孩子喜欢的东西。在识别到孩子的愤怒信号后，教师可以鼓励孩子进入"冷静角"，在"冷静角"中画画、填色、看书或是做一些能让自己感到平静的事情。在孩子感到自己好一些时，教师可以通过情绪温度计让孩子再次对自己的愤怒情绪打分。

百宝箱

我的"冷静角"

示例：我的"冷静角"里有：

(1)我最喜欢的乐高玩具，玩乐高玩具让我感到_____；

(2)涂色绘本《秘密花园》，涂色让我感到_____；

(3)我的水果味道身体乳，涂乳液让我感到_____；

……

请按照以上示例，和孩子一起制作"冷静角"。

（四）家校联合，帮助家长认识情绪

对于小蓝来说，小蓝父母经常将自己的情绪发泄到小蓝身上，让小蓝的愤怒又蒙上一层委屈。这种情况下，教师应当邀请小蓝父母来到学校一同了解小蓝的情况，并对小蓝父母做一些心理健康教育。对小蓝这一年龄段的孩子来说，偶尔无法控制情绪是正常的。但在每次小蓝感到愤怒时，小蓝父母都认为不听话、不遵守纪律是小蓝自身的问题。这种教育方式只会让孩子感到更加孤独，在未来生活中用破坏程度更大的行为引起身边人的注意。

对小蓝父母来说，他们应该停止使用暴力，仔细了解小蓝为什么总是会感到愤怒，她背后的需求又是什么。只有给到孩子足够的关注，孩子才不会用偏激、破坏规则的行为引起成人的注意。

同时，很多孩子的愤怒行为是家庭系统问题的体现，如当父母感情状态很差时，孩子会表现出异常行为。以小蓝父母为例，小蓝父母可以寻求婚姻咨询解决自己的问题，而不是将对婚姻的情绪发泄到小蓝身上。

（五）拒绝溺爱，强化合理表达情绪的方式

在很多溺爱孩子的家庭中，孩子会养成突然愤怒、大吵大闹的习惯来满足自己的需求。孩子发现自己只要一生气，就可以成为身边所有人的焦点。此时，家长可能会迅速满足孩子的要求，如买他想要的玩具，或是允许他不去上学等。

这种方式强化了孩子缺少规则感的情绪表达方式。面对这种情况，家长和教

师不应第一时间满足孩子的需求，而是要和孩子充分沟通，告诉孩子正确的情绪表达方式，在下一次孩子用符合规则的方式表达自己的需求时奖励孩子。这样做不仅能强化孩子对愤怒的控制能力，也能让孩子形成延迟满足的好习惯。

（六）注意与其他问题的区分

处于儿童青少年期，尤其是低年龄阶段的孩子，他们的抑郁症状可以表现为易激惹。当孩子经常出现愤怒情绪，情绪波动明显，并伴有心境低落、食欲或睡眠的变化时，家长应带孩子及时去精神科就诊，排除抑郁症的可能性。

第五章
行为议题

儿童青少年在成长的过程中，生理、认知和心理等各个方面都在不断地发展，外在的行为表现作为儿童青少年内在特征的显示器，能够体现出儿童青少年整体的身心健康水平，好的行为表现也是促进儿童青少年在生活、学习过程中获得更好成长的前提。

在当前快节奏、高压力的社会环境下，孩子出现行为问题的频率和严重程度越来越高。多数家长都一定在某个阶段因为孩子的某个行为问题而感到困惑，如有的孩子只要他人不能满足自己的需要就动手打人，有的孩子写作业坚持不了 10 分钟就会走神，还有的孩子沉迷手机游戏而无法完成学习任务……面对孩子的行为问题，成人可能尝试了很多方法却无济于事，甚至适得其反。比如，有些家长常常采用惩罚的方式帮助孩子树立规则意识，但孩子却因此反抗得更厉害，更加破坏规则。即使孩子没有出现明显的问题行为，帮助孩子塑造好的行为习惯也是非常重要的，而家长和教师们常常对此束手无策，采取了很多行动却不见成效。

要想真正给孩子提供有效的指导和支持，家长和教师需要从孩子的角度去理解问题发生的原因和发展的过程，真正理解孩子内心的需要，因此了解儿童青少年在不同阶段的行为发展特点及行为背后的心理特征非常重要，这可以帮助家长和教师"对症下药"。孩子处于不同的年龄阶段，判断孩子的行为表现是否合适的标准也存在差异。

本章将帮助家长和教师了解儿童青少年不同阶段的行为特点，掌握帮助儿童青少年建立积极行为、改善问题行为的有效策略。

第一节　儿童青少年行为发展特征及指导策略

一、儿童青少年行为发展特征

儿童青少年的行为发展在不同年龄段展现出不同的特征，具体如下：

（一）小学 1～3 年级

小学是孩子成长的关键阶段。在成人眼中，孩子这个阶段在生理和认知方面快速发展，自理能力、人际交往能力逐渐增强，孩子似乎瞬间就长大了。孩子在这一阶段逐渐能够更清楚地区分主体和客体，也更加能够理解自己和他人的想法和感受。比如，孩子不再像小时候一样只会表达"我想……"，而是能够根据他人的反馈调整自己的行为。孩子的道德水平持续发展，从他律阶段过渡到自律阶段，能够认识一些简单事物的对错，或者从奖惩结果中改变自己的行为。孩子也开始对简单的事物发展出自己的思考，产生自发行为的动机。在同伴关系方面，孩子逐渐形成同伴团体，同时小学低年级阶段的孩子性别意识已经成熟，更多和同性别的孩子一起玩耍。孩子在同伴团体中学习社会交往和建立友谊的技巧，希望获得归属感。相比幼儿园阶段，这个年龄阶段的孩子更能够控制自己的行为，为得到某个物品而进行的工具性攻击会有所减少。在注意力方面，小学低年级的孩子注意力可以持续 20 分钟左右，并且在短暂休息后仍然可以再次集中注意力到正在进行的任务中。

 小贴士

工具性攻击

工具性攻击（instrumental aggression）指的是只是把伤害作为达到其他目的的一种攻击方式。比如，孩子从他人手中粗鲁地抢过球时，他的目标仅仅是球本身，而不是伤害他人。

（资料来源：迈尔斯，2016）

（二）小学 4～6 年级

小学高年级的孩子处于向青春期的过渡期，行为特点也会随之改变。孩子在这个阶段同理心水平有所提升，更倾向于表现出亲社会行为，如在学校中乐意帮助教师和同学。孩子开始摆脱家长的影响，不再处处听从家长的话，开始发展出自由、独立的判断能力。同伴团体的重要性逐渐提高，孩子常常和自己的同伴结成小帮派，区分自己人和局外人，也会更多和同伴比较，决定自己的行为哪些应该保留，哪些应该放弃，出现从众的行为。孩子也会在社会比较中衡量自己的能力，如果孩子在某些方面感到自己不如同伴，可能会在比较中受挫，造成在人际交往中回避或退缩的表现。孩子在生活中逐渐形成规则，能够遵守规则和建立规则，这在游戏中也有体现，如从随意的追逐打闹游戏变成有规则、有组织的运动。另外，孩子学会了调整自己的需要和愿望，懂得什么时候应该妥协，什么时候应该坚持自己的立场。这个阶段的孩子也会对一些能够显示自己地位和力量的行为感兴趣，偶尔会出现类似取笑和散布谣言之类的敌意性攻击。在注意力方面，这个年龄阶段的孩子持续专注的时间接近 30 分钟。

 小贴士

敌意性攻击

敌意性攻击(hostile aggression)指的是由愤怒等情绪引起，以伤害为目的的一种攻击方式。比如，孩子故意做出取笑或者散布谣言之类的行为，目的是伤害他人。

（资料来源：迈尔斯，2016）

（三）初中 7～9 年级

孩子进入青春期后，生理、认知和社会化等方面会发生一系列重大的改变，这导致他们在行为方面也会产生巨大的变化。不管是对孩子自身还是他们周围的人来说，这都可以称得上是"疾风暴雨"的时期。这是由于青春期孩子大脑的两个主要变化是灰质的生长和修剪，而负责计划、推理、判断、情绪管理和控制冲动的额叶未发育完全，因此这一阶段的孩子在应对外界事件的反应中常常情感压倒理智，做出不明智的行为(帕帕拉等，2013)。孩子会更多地想象理想世界，因为在现实生活中他们要和成人一样承担很多责任，如学业任务的突然加重，而在理想世界中他们可以自由驰骋。孩子常常会认为自己是特别的，不喜欢被规则约束，也不相信别人能够理解自己，所以他们开始质疑成人的权威。他们偏向把事物分为绝对的好和绝对的坏，对自己不认可的事物可能会进行讽刺和抨击。由于孩子刚刚开始自我同一性的探索阶段，有时候会执着于自己认为重要的事件，有时候也会轻易地放弃某一件事情，或做出鲁莽的、不负责任的行为。孩子常常喜欢展示自己的能力，也会努力向他人论证自己的想法是正确的，希望获得权威人物的认同。同伴的影响在初中阶段达到顶峰，孩子在同伴团体中常常假想自己是群体的中心，一言一行都被他人关注，因此对体型、穿着打扮等非常在意，也更容易因为同伴的评价而受挫。在和家人的关系方面，孩子开始需要足够的个人空间，和家人共度的时间减少，常常躲在自己的房间里，也相对会更频繁地和家人发生冲突。另外，初中阶段的孩子开始认识自己的性取向，对同性和异性的伙伴产生好感，并且逐渐接纳自己的性冲动。初中阶段，孩子更容易产生成瘾行为，如最常见的网络成瘾，因为孩子释放压力的选择较少，而玩游戏时大脑分泌的多巴胺激活了身体的奖赏系统，让他们感觉很好并且期待重复。另外，孩子会出现明显增多的自伤行为，可能是因为情绪问题，也可能是因为寻求关注或支持。在注意力方面，孩子持续专注的时间一般可以超过 30 分钟，已经和成人的专注水平没有太大的差异了。

（四）高中 1～3 年级

高中生已经在青春期的道路上度过了披荆斩棘的几年，自我同一性也得到了更多的探索，和初中阶段相比，那些让人"意想不到"的行为逐渐减少。进入高中后，孩子逐渐能够尊重他人的需要，和同伴相处的过程中能够更加尊重对方的独立性和自主性。在青春期中后期，同伴的影响会相对降低，孩子和父母的关系可能会重新建立（帕帕拉等，2016），这会使孩子在家庭中和父母的冲突减少。多数孩子开始渴望恋爱关系，对性取向的探索和认同相对初中阶段也更加深入。同时，孩子的认知能力已经有了不错的发展，但由于社会经验的不足，面对具体问题时可能在头脑中同时产生多种选择，却缺乏有效的经验和策略来做出抉择。另外，孩子面临着繁重的学业压力和即将到来的高考选专业问题，如果他们不清楚自己努力的方向，可能会出现迷茫感和无力感，出现动机不足的行为表现。

二、儿童青少年行为问题干预指导策略

帮助儿童青少年解决行为问题可以参考以下这些指导策略：

（一）根据不同阶段行为发展的特点，评估儿童青少年的行为是否异常

孩子在儿童青少年期间的行为变化非常大，多到让家长和教师应接不暇，评估孩子的行为是否异常不能依据成人的行事标准，而是要结合孩子不同阶段的行为发展特点，如很多家长或教师会抱怨小学高年级或青春期的孩子"越长大越不听话"，但其实这从另一个角度来看是个好事情，说明孩子对很多事情都发

展出了自己的认识和理解，孩子的能力增强了。只要孩子的行为不会造成严重的后果，给孩子提供自主探索的空间就是对孩子有利的事情。

（二）透过儿童青少年的外在行为表现，了解背后的本质问题

孩子的问题行为是能够被直接观察到的，但这不是全部，更本质的原因是孩子在学业、人际、家庭等方面是否遇到了困难、情绪状态是否健康。比如，一个网络成瘾的初中生，可能是因为在学校中经历了学业失败，自信心受挫，也可能是父母频繁发生剧烈冲突，让孩子需要找一个暂时的庇护所。沉迷游戏只是孩子的一种应对方式，如果想消除这个问题行为，就要从导致这个问题行为的本质原因开始调整。

（三）建立安全、稳定的家庭关系

良好的家庭关系是儿童青少年大脑发育过程中重要的"脚手架"，为孩子的心智化过程保驾护航。因为孩子相比成人能力不足，自然也没有足够的能量保护自己，需要家庭这个"安全港湾"来补充能量，一旦家庭的稳定性被破坏，孩子便无处获得能量补给，不得不用问题行为来让自己好受一些。家长要给孩子提供必要的日常照顾，安排愉快的家庭活动，让家庭中有共享的情绪，在发生家庭冲突时积极沟通、妥善处理。

（四）多用奖赏，少用惩罚

儿童青少年和成人权衡利弊的方式不同。成人评估危险，会根据行为可能导致的负面结果来决定，儿童青少年则评估奖赏，也就是当他们预期行为会得到收益时就会行动。这说明在面对儿童青少年的问题行为时，奖赏好的行为比惩罚不好的行为更有效。家长和教师的肯定和鼓励也会促使孩子增加内在积极资源，帮助孩子更好地应对现实压力。

（五）传授儿童青少年应对具体问题的经验和策略

在孩子面对具体困难时，成人要做的是帮助"成功"、陪伴"挫折"，家长不管孩子或者一切包办都是不好的，不管孩子会导致孩子挫折感强，事事包办会剥夺孩子的成功感。成人可以把自己的经验传授给孩子，注意不是高高在上的说教，而是用和孩子一起解决问题的态度给孩子提供帮助。另外，和孩子一起思考和尝试不同解决问题的办法，也会提高孩子处理问题的能力。

（六）建立规则，但是尊重孩子的边界

儿童青少年还做不到完全自律，所以成人给他们建立明确的规则是有必要的，如果规则没有建立起来，孩子就会出现任性、没有动力的行为表现。规则也是帮助孩子建立安全感的方式，因为孩子清楚地知道自己可以做什么，会对生活感到可控。但也要注意，建立规则不代表与孩子对立，家长和教师仍然需要尊重孩子的边界，要做到没有敌意的坚定。

（七）帮助孩子习得可替代消极行为的积极行为

问题行为的出现是有功能的，如上面提到的网络成瘾的初中生，可能是因为在学校中经历了学业失败，需要找一个合适的方式暂时让自己放松一会儿，缓解学习的压力。单纯阻止孩子玩游戏，孩子便失去了惯用的疏解负性情绪的方式。如果孩子没有找到合适的替代方法，负性情绪就会积压在心里导致更多的问题。因此，家长和教师在帮助孩子减少不良行为的同时，要帮助孩子寻找可替代的积极行为，如在缓解情绪压力上，可以采取运动、家庭游戏、和同伴交流等方式。

第二节　攻击行为

孩子在表达愤怒的时候可能会通过攻击的行为表现出来，但是攻击行为背后有孩子想表达的想法，只是他们还没有找到合适的方式去传递给对方。请通过下面航航的案例来走近这样的孩子的内心吧！

 案例

用拳头说话

航航借读于某农村小学，3 年级的他个子虽然不高，但有着强壮的身体，总是斜着眼睛关注着周围。航航经常在课堂上扰乱秩序，用笔戳前面同学的衣服，或者把纸团扔向远处的同学；当受到批评时，航航总是强词夺理与同学、老师争辩；当与人发生纠纷时，航航也不能通过沟通、让步的方式与他人达成妥协；他还时常为了逃避批评和惩罚把因自己的错误造成的不良后果归咎于别人，甚至还抱怨自己的委屈。

　　有一次，同学们都在操场上玩游戏，航航看到大家玩得很开心，便跑过去要求和大家一起玩，组织游戏的同学回应航航："我们现在不缺人。"航航听完认为大家是故意不带自己玩，非常气愤，伸出握得紧紧的拳头向同学的头打去，边打边骂。同学们叫来老师才控制住用拳头打人的航航。事后航航气愤地向老师报告"都怪他们不让我加入游戏"。

　　航航的行为给老师和同学都带来了很多困扰。老师对航航的行为感到困惑，联系了航航的父母进行沟通，了解到航航有一个大自己10岁的姐姐在老家上学，父母从未管过姐姐，但姐姐在学习和生活中的表现都很优秀。而航航由于出生时早产，小时候体弱多病，父母平时工作忙，对航航的陪伴非常少，因此父母会通过对儿子百依百顺的方式来补偿。航航在家里是个小霸王，想做什么父母都会满足，航航也经常顶撞父母，即使航航不占理父母也会认错，顺着航航的心意。当老师和父母说航航在学校的行为表现时，父母只是让老师多包容一下，表达孩子长大一些就会好了。

 案例解析

需要关注的表现

　　本案例中，航航在规则意识、情绪控制、人际关系等方面均出现一些问题行为，在学校中表现为不遵守集体规则，破坏课堂秩序并且频繁打扰他人等。航航做事莽撞，不承认自己的过错，不能对自身行为造成的后果负责任。在和他人相处的过程中，航航会曲解他人的意图，容易认为他人对自己有敌意，不能通过平等沟通的方式与他人交流，无法接受自己做出妥协，当他人不顺着自己的心意时会产生愤怒情绪并习惯用攻击行为来压制他人。

从航航的家庭背景来看，父母在养育航航姐姐的过程中没有投入太多精力，但姐姐在各个方面都表现得很优秀，父母便认为在孩子的成长过程中不需要有太多的约束，因此对航航的行为缺少必要的监督和要求。另外，由于航航早产，小时候体弱多病，父母对航航百般疼爱，又因为父母工作繁忙，所以便将对航航百依百顺作为补偿。但其实父母完全顺从孩子的行为并不会给孩子带来真正的安全感，反而会让孩子无法分辨自己哪些行为是合适的，哪些行为是不合适的。没有规则相比有明确的规则更让孩子感到不确定和不安全。父母的过度照顾使得航航从小没有经历过一点儿挫折，航航长大后自然也没有应对挫折的能力。同时，父母也没有帮助航航学会遵守规则，会满足航航提出来的各种无理要求，这导致航航上学后在集体环境下无法适应有规则的学习环境。

在家庭之外的其他社会场景中，航航仍然希望做一个像在家里一样的唯我独尊的"小霸王"，做事以自我为中心，不顾及他人的感受，对他人提出不切实际的要求，并且随意搞破坏，不承担破坏所导致的自然结果。这导致航航被同学们排斥，无法维持稳定的同伴关系，当对方表露出排斥的态度后，航航更加无法接受，他没有办法理解同学们为什么会排斥自己，同时为同学们的行为感到气愤。航航由于缺少在挫折情境下的应对技能，不知道采取怎样的方式来和同学们友好地沟通，只能通过用拳头打人的攻击性方式来发泄自己的不满，并试图强迫他人服从自己。航航越是这样做，同学们就越是疏远他，这又再次强化了航航的攻击行为。学校环境和家庭中不同，有明确的要求和规范，当航航违反学校纪律要求时，可能会受到教师的批评，被骄纵惯了的航航也会质疑教师的权威。

教师试图和航航的父母沟通，共同寻找办法来帮助航航改善当前的行为问题，但由于父母对航航的问题理解程度不够，不了解航航当前所表现的行为是不符合阶段特点的，并且父母过于溺爱航航，无法积极配合教师的工作，这导致家校联合工作无法进行。

一、常见干预误区

有些教师在面对航航类似的问题时，会通过严厉对待的方式帮助孩子建立规则感，但由于航航父母对其比较溺爱，他也缺少抗挫折的能力，在面对教师的批评时，非但不会认识自己的错误、听从教师的建议，反而会更加反抗，出现更多攻击行为。

部分家长可能和航航的父母类似，认为孩子只是因为太小了才不懂事，长大了就会好起来的，有些家长甚至认为孩子"强势"一些很威风。但其实对于孩子来说，建立好的同伴关系、学会遵守规则、有能力调节情绪和应对挫折是非常重要的。这些习惯和能力是需要从小培养的，家庭才是孩子的第一所学校。

二、推荐干预方向

面对容易用攻击行为表达情绪的孩子，家长和教师可以尝试从以下方向进行干预。

（一）开展提升社会情绪能力的心理教育

社会情绪能力指的是儿童青少年能够有效地应用知识和技能来理解和管理情绪、设定和实现积极的目标、感受并表现出对他人的同理心、建立和维持积极的关系，并做出负责任的决定的能力。不仅仅是存在情绪管理问题和人际交往困难的航航，所有孩子都有必要学习社会情绪能力。在学校设置社会情绪能力相关的课程，有利于学生的心理健康，可以帮助他们获取更好的学业表现和人际关系。

 百宝箱

社会情绪能力课程的 5 个部分

1. 自我意识

自我意识指的是个体对自身状态的认识、体验和愿望，包括能够正确认识自身的情绪和想法及它们对自身行为的影响，合理分析自身的优点和缺点，对未来充满自信并保持乐观。

2. 自我管理

自我管理指的是在不同的情景下能够调整自身情绪、想法与行为，包括调节压力、控制冲动、激励自己，能够设立合理的个人目标并坚持不懈地实现目标。

3. 社会意识

社会意识指的是个体能够理解他人情绪、想法及感受，能够换位思考。与前两个部分相联系，在知道如何管理自己的情绪后，将这个技能运用到人际交往上，能够培养孩子对他人的同理心。

4. 人际关系技能

人际关系技能指的是能帮助个体与他人建立并维持健康、可持续的关系的技能，包括明确表达、倾听他人、与他人合作、抵制不当的社会压力、有效解决冲突以及必要时寻求帮助。

5. 做负责任的决策

做负责任的决策指的是个体在尊重他人、符合社会道德标准、尽量提升自我和他人幸福感、预知行动影响的基础上做出正确的决策并为此负责任。这需要儿童青少年能够具体分析不同的情景，有效解决问题。

（资料来源：CASEL，2021，有删改）

(二)帮助孩子建立规则意识

航航家长对航航比较溺爱，航航也没有建立足够的规则意识，因此帮助航航学习遵守规则是非常必要的。如果只用批评和惩罚作为航航问题行为的负反馈，会导致航航无法接受而起到相反的效果，因此家长和教师要多使用肯定和鼓励引导航航看到遵守规则的好处。比如，当航航表现出和之前不同的遵守规则的行为时，及时给予肯定，可以对航航说："哇，我发现了一个事情，你今天回家就主动去写作业了，好棒！"家长可以和航航签订"行为契约"（见百宝箱），当航航按照契约执行时，给航航提供他喜欢的奖励，家长也可以和孩子一起践行契约，以身作则。

 百宝箱

行为契约

【孩子的目标】

_____承诺：

在接下来_____天的时间里完成：

_____

_____

_____

如果我可以做到，我可以：_____

如果我没有做到，我需要：_____

【家长的目标】

_____承诺：

在接下来_____天的时间里完成：

_____

_____

_____

如果我可以做到，我可以：_____

如果我没有做到，我需要：_____

承诺人：_____

（资料来源：刘朝莹、刘嘉，2017）

（三）帮助孩子学习解决具体问题

航航由于从小几乎没有经历过任何挫折，因此抗挫折能力非常欠缺，遇到具体的困难情境也自然没有办法解决。针对具体事件，家长和教师需要帮助航航思考和尝试不同解决问题的办法，增加孩子处理问题的能力。比如，对于和其他同学相处的问题，航航不知道在和同学发生分歧时如何沟通，可以尝试角色扮演和航航模拟各种人际交往场景，帮助航航学会表达自己的想法和感受，以及学习在同伴团体中提供帮助、做出妥协等人际交往行为，让航航了解自己的行为对同伴关系的影响。在学校中，教师可以选择一个航航擅长的事情，让航航尝试帮助他人，或者也可以找一个同学作为引荐者帮助航航加入团体活动。

百宝箱

角色扮演游戏

角色扮演游戏帮助孩子体验生活中的不同角色，帮助孩子在具体情境中思考解决问题的方式，提升应对困难的技巧。对于航航当前遇到的困难，可以选择以下人际交往场景进行角色扮演：

(1)加入同伴的谈话/游戏；

(2)邀请同伴加入自己的谈话/游戏；

(3)主动为同伴提供帮助；

(4)主动寻求同伴的帮助；

(5)学会对同伴表达肯定/赞美；

(6)使用非暴力的方式表达自己的负面感受；

(7)在和同伴相处的过程中做出妥协；

(8)和同伴发生冲突时的应对办法。

(四)建立安全的家庭关系

安全的家庭关系中有父母的关注和关爱，也有必要的家庭规则。如果家庭中没有规则，孩子便不清楚自己行为的边界在哪儿，这对孩子来说也同样是不安全的。另外，给孩子提供再好的物质条件都不如花些时间来陪伴孩子更能让孩子感到踏实和安全。父母不需要时时刻刻都陪伴在孩子身边，但可以拿出固定的时间和孩子安排"特殊时光"(见百宝箱)，给予孩子高质量陪伴。在"特殊时光"里，父母放下工作和手机，全身心陪伴孩子，让孩子发自内心地相信父母是爱自己的，而不需要用提出无理要求的方式来证明。

 百宝箱

特殊时光

安排一个固定的时间(每天15分钟或每星期1小时)陪伴孩子做任何他/她想做的事情：

（1）在此期间，全身心地陪伴孩子，不做其他任何事情；

（2）把自己想象成一个体育播音员，像播报篮球或足球比赛一样用语言描述孩子在做什么，试着让你的语调听起来激动人心；

（3）时不时地给孩子一些积极的评价，如赞扬、肯定，或者表达你喜欢他/她的游戏，如"我喜欢和你一起安静地玩""看你做得多好"或"你真有办法"（要准确、真诚，不要过分奉承）；

（4）不要提问、给指令和批评，你不需要在"特殊时光"里教孩子学习任何新东西，如怎样建造更高的建筑或画出更漂亮的画。

（资料来源：袁泉，2021）

（五）家校联合共同为孩子提供帮助

针对家长不了解儿童青少年发展特点或者无法正确认识孩子行为问题的情况，教师需要在必要的时候对家长进行儿童青少年相关基础知识的心理教育，从家长和孩子的角度提供有帮助性的建议，邀请家长配合教师共同促进孩子行为表现的改善。比如，航航的教师可以邀请航航的家长到学校里观察孩子的表现以及航航与其他同学的互动，让家长理解行为问题对孩子的影响，意识到帮助孩子改变的重要性，然后和家长共同讨论应对方案。

（六）关注孩子是否同时存在其他问题

儿童青少年如果患有抑郁症，可能会出现易激惹的表现，进而出现攻击行为。因此，家长需要关注孩子的情绪状态，评估孩子是否有情绪低落、兴趣减退、饮食睡眠发生改变等情况，如有出现类似症状需要及时带孩子到儿童精神科就诊。

关注孩子的攻击行为的持续时间和特点，如果孩子表现出对权威人士的抵触性的、反抗性的、有敌意的行为，并且持续 6 个月，则孩子存在对立违抗障碍的可能性。如果孩子还表现出明显的反社会行为，常常侵犯他人权利或者违反适龄社会准则，也有品行障碍的可能性。出现以上情况同样需要家长及时带孩子到儿童精神科就诊。

第三节　注意缺陷/多动

很多孩子都容易被认为是有注意缺陷或者会表现出多动行为的。以下两个案例分别介绍了这两类问题在儿童青少年身上的具体表现。请一起来看一下这两个孩子遇到了什么困难，思考如何帮助他们。

 案例一

小猫钓鱼，三心二意

婷婷是小学 3 年级的女生，看上去非常文静，学习态度也比较好，上课时遵守纪律，从不随意说话或者做小动作，但是学业表现并不理想。老师反映，婷婷上课虽然眼神一直盯着老师，但目光有些呆滞，似乎没有在跟着课程内容思考。有一次老师在课堂上叫婷婷回答问题，刚刚讲过的一个很简单的知识点婷婷都答不上来。考试的时候，婷婷还非常粗心，会做的题目也常常因为审题不清或者计算过程马虎而丢分，经常因此受到老师和父母的批评。婷婷在家里做作业的速度也非常慢，写一会儿就不自觉地停下来发呆，需要家长不断地督促和提醒才能断断续续地写完作业，别的同学用一个小时能够完成的任务，婷婷常常需要用两三个小时。婷婷还经常忘记事情，不是忘记老师布置的作业，就是忘带上课要用的文具。

婷婷自己也说过，大脑有的时候就好像不受控制一样，一会儿想这个，一会儿又想那个，上课或者写作业的时候很容易被无关的事情吸引，即使是在老师或同学的提醒下，也只能专注一小会儿，很快注意力就又分散了。这让婷婷自己也非常苦恼，婷婷甚至觉得自己永远不可能像其他同学一样获得好的学业表现了。

除了学习任务，婷婷在平时生活中也会出现不专注和粗心大意的情况，但婷婷在做自己喜欢的并且非常擅长的任务，如画画和跳舞时，专注程度会有明显提升。

从婷婷母亲那里了解到，婷婷父母是当地小杂货店的老板，为了方便做生意，婷婷从小就和父母住在杂货店旁的小房间里。除了休息时间，母亲都坐在杂货店的收款台前，婷婷则坐在母亲旁边做自己的事情。杂货店里人来人往，所以婷婷不管是在学习还是在娱乐都经常被店里的客人干扰。由于杂货店开门早、关门晚，婷婷的作息时间也因此受到影响。另外，婷婷父母也经常会因为生意上的事情发生冲突，每次发生冲突时，婷婷都在一旁手足无措。

 案例解析

需要关注的表现

本案例中，婷婷在注意力方面存在一些困扰。婷婷学习态度认真，但在课堂上听讲时不能专注于教师的讲课内容，在考试时经常因为粗心大意而犯错，在家做作业时也很难使用连续的时间来完成任务。婷婷还经常出现忘记做某件事情或者忘记带某件东西的情况。

婷婷做事注意力不集中，不是因为想要故意违背家长或教师的指令，也不是因为没有理解指令的内容，而是确实没有办法让自己不分心。注意力不集中的问题对婷婷的学习和生活造成了困扰，包括学习效率降低、学业表现退步、感到挫败、缺乏自信心等。

从婷婷在学校的表现来看，婷婷在学习情境中保持专注是有一定困难的，不能专注学习就会导致学习效率降低，这又会直接影响她的学业表现。教师对婷婷注意力不能集中的情况缺乏深入了解，当婷婷在考试中由于粗心导致失分时，习惯性地采取严厉的方式让婷婷吸取教训。但其实婷婷本来自身也由于不能专注、粗心大意的状态感到苦恼和自责，当被教师严厉对待后，可能会产生更多的自我否定。婷婷觉得自己不如同学们做得好，在学习过程中缺乏成就感，对提高学业表现不抱有希望，甚至可能发展出厌学情绪，这更加导致婷婷不能专注听课了。因此，可以看到注意力问题会导致一系列的继发问题，如果应对方式不恰当，孩子的学业状态可能会出现负性循环。

从婷婷的家庭成长经历来看，婷婷生活在一个物理空间不安静并且家庭关系不稳定的环境中。婷婷和父母居住在杂货店里，而杂货店是一个相对吵闹、频繁被打扰的环境，婷婷长期处于这样的环境下，无法建立起专注做事情的习惯，导致注意力的稳定性无法得到发展。另外，婷婷父母经常吵架，父母关系稳定是孩子安全感的来源，在父母冲突频繁的家庭环境中，婷婷可能经常处于紧张和不安的情绪状态里，不管在做什么事情，都要拿出一部分精力用来担心和害怕家庭是否会破裂，这些情绪容易导致婷婷出现神经兴奋性异常，进而影响其注意力水平。

另外，婷婷注意力不集中的问题也可能受到生理因素的影响。个体的专注力水平受到大脑前额叶和顶叶活性的影响，也和身体内多巴胺、肾上腺素等化学物质的更新率降低有关，这些生理表现受遗传因素、母亲在妊娠期所处环境、婷婷出生后神经系统的发展状况，以及睡眠和情绪等状态等的影响。

一、常见干预误区

有些家长和教师将孩子注意力不集中的问题简单地归因为孩子态度不端正，或者故意违抗家长和教师的指令，但其实孩子的注意力水平是存在差异的，并且注意力的提升是一个需要不断练习的过程。在一些情况下，孩子注意力不集中并不是故意做出的表现，而是孩子真的无法控制注意力，孩子自身也可能因此感到苦恼，并且渴望得到家长和教师的帮助。对于这种情况，使用批评或惩罚孩子的方式往往效果不好，家长和教师需要从孩子的角度了解孩子无法集中注意力的原因，并且给其提供适当的支持和引导。

二、推荐干预方向

对于婷婷这类有注意力方面困扰的孩子，家长和教师可以尝试从以下方向入手进行干预。

（一）培养孩子的兴趣，发展专注的内在动机

当孩子在做感兴趣的事情时，注意力会更容易集中。就像案例中的婷婷

一样，相比学习，画画和跳舞时婷婷的专注水平更高。这可能是因为婷婷在画画和跳舞这两个方面比较擅长，在做类似事情时感到开心和有成就感，大脑在感到愉悦时会分泌多巴胺，同时在感到兴奋时会分泌肾上腺素，这两种化学物质均有助于婷婷保持专注。所以，在孩子完成任务时，家长和教师要注重帮助孩子发展兴趣，如营造轻松、愉悦的氛围，对孩子好的行为表现进行及时地肯定，让孩子在完成任务时获得快乐和成就感。

（二）拆分任务，给出简洁指令

很难集中注意力的孩子没有办法在大脑中牢记一个复杂的任务流程，婷婷就表达过大脑常常不受控制地一会儿想这个，一会儿想那个。所以，在婷婷完成家庭作业的时候，父母可以帮助婷婷将作业拆分，一次先攻克一个小的作业目标。因此，在帮助注意力分散的孩子完成复杂任务时，家长或教师要把任务目标拆分成很多小目标，一次只给出一个指令，这个指令要是具体、明确的，不要带有命令和质问语气，温柔而坚定地讲给孩子听，当孩子完成一个指令后再给出下一个。

（三）为孩子营造安静、不被打扰的学习和生活环境

在孩子的学习和生活中，要注意营造安静的学习环境，排除分散注意力的因素。比如，对于案例中的婷婷来说，杂货店不是一个适宜学习的场景，学习应该在安静的房间进行。如果家庭条件有限，那么家长可以考虑使用一些社会公共资源，如社区的图书馆，为孩子创造合适的学习环境。如果家庭有条件为孩子提供专门的学习环境，需要考虑将书桌上的物品收拾干净、保持桌面整洁，避免孩子因桌面的凌乱而分散自己的注意力。在孩子专注做事的时候家长和教师也要尽可能不去打扰孩子，等到孩子中间休息的时候再去提供关心，防止打断孩子的思路。

（四）合理规划时间，劳逸结合

孩子注意力不集中也可能是因为不会管理时间，如婷婷看似在专注学习，实际上大脑中可能是天马行空的状态，学习效率非常低，因此需要帮助婷婷学习如何合理地安排时间。对于短时间可以完成的任务，尽量鼓励孩子一鼓作气完成，可以采用奖励的方式帮助孩子保持一定时间的专注。如果是需要较长时间完成的任务，要在任务中间安排适当的休息时间，让孩子的大脑恢复用于专注的能量。另外，复杂的任务建议安排在整段的时间进行，降低因为客观原因

被迫中断任务的可能性。

（五）养成良好作息习惯，保证充足睡眠

良好的身体状态有助于孩子保持专注。睡眠不充足会导致大脑前额叶和顶叶的活性降低，这会导致注意力很难集中。案例中的婷婷也可能由于受到杂货店营业时间的影响，长期睡眠不足，进而影响了注意力水平。充足的睡眠是保证孩子第二天专注做事的前提，因此家长和教师要引导孩子按照规律的作息时间表安排睡眠时间。

（六）采取科学的方法训练孩子的注意力

家长和教师可以在日常安排一些训练注意力的游戏或任务，作为孩子在学校和家庭中的娱乐项目。比如，可以和孩子玩反应类的游戏，也就是孩子要通过听、看或者感觉一个特定的信号并及时做出反应，这个过程需要孩子持续保持专注，也是一个有效训练注意力的过程。另外，舒尔特方格也是一个常常用于提升注意力的科学方法。

 百宝箱

舒尔特方格

舒尔特方格是一种训练注意力的方法。根据孩子年龄和注意力发展水平的不同，使用不同数量的方格来进行练习。例如，使用 5×5 共 25 格的表格，在格子内任意填写上 1～25 共 25 个阿拉伯数字。训练时，让孩子按照 1～25 的顺序依次用手指指出数字的位置，同时朗读出数字。当孩子能够很容易完成当前数量的舒尔特方格时，适当提升难度。

13	4	11	21	7
16	10	1	18	14
6	8	15	25	5
19	23	17	22	24
3	12	9	20	2

(七)为孩子提供情感支持，从根源上帮助孩子

像案例中的婷婷一样，孩子也可能会因为自己无法保持专注而苦恼，因此家长和教师应该给婷婷提供必要的情感支持，防止婷婷因为注意力不足导致更多继发问题的发生。注意力无法专注很有可能导致学业表现受到影响，孩子难免会因此感到挫败，从而进一步降低学业任务中的专注程度。家长和教师不能只是单纯地批评孩子做得不对，而是要了解孩子的难处，分析孩子专注力不足的原因，从根源上帮助孩子解决问题。当孩子进步时，及时地肯定孩子，降低孩子因为专注水平不足而感受到的挫败感。

(八)注意识别孩子是否有注意缺陷/多动障碍的可能性

像婷婷这样没有明显的外在多动行为，只是注意力不能集中的情况往往容易被家长和教师忽视，家长和教师可能认为孩子不存在生理上的问题。实际上，注意缺陷是注意缺陷/多动障碍的其中一个类型，这个类型的孩子只有注意缺陷的问题，没有多动的表现。当孩子的注意力水平明显影响其完成学习和生活中的任务时，建议带孩子到专科医院进行诊断。

 小贴士

儿童注意缺陷/多动障碍快速诊断（注意缺陷类型）

如果孩子符合下面 9 个行为条目中的 6 条及以上(17 岁及以上的青少年需要符合 5 条)，并且表现持续存在超过 6 个月，则有患注意缺陷/多动障碍(注意缺陷类型)的可能性，需要进一步到专科医院或相关专业机构进行评估和诊断：

(1)经常不能密切关注细节或在写作业、工作或其他活动中犯粗心大意的错误(例如，忽视或遗漏细节，工作不精确)；

(2)在任务或游戏活动中经常难以维持注意力(例如，在听课、对话或长时间的阅读中难以维持注意力)；

(3)当别人对其直接讲话时，经常看起来没有在听(例如，即使在没有任何明显干扰的情况下，显得心不在焉)；

(4)经常不遵循指示以致无法完成作业、家务或工作中的职责(例如，可以开始任务但很快就失去注意力，容易分神)；

(5)经常难以组织任务和活动(例如,难以管理有条理的任务,难以把材料和物品放得整整齐齐,凌乱、工作没头绪,不良的时间管理,不能遵守截止日期);

(6)经常回避、厌恶或不情愿从事那些需要精神上持续努力的任务(如学校作业或家庭作业,对于年龄较大的青少年,则为准备报告、完成表格或阅读冗长的文章);

(7)经常丢失任务或活动所需的物品(例如,学校的资料、铅笔、书、工具、钱包、钥匙、文件、眼镜、手机);

(8)经常容易被外界的刺激分神(对于年龄较大的青少年,可能包括不相关的想法);

(9)经常在日常活动中忘记事情(如做家务、外出办事,对于年龄较大的青少年,则为回电话、付账单、约会)。

(资料来源:美国精神医学学会,2014)

 案例二

身体里有个不安分的小马达

小宇是一个 7 岁的男孩,上小学 2 年级,他是一个让家长和老师都十分头疼的孩子。

小宇精力过于旺盛,一刻都停不下来,并且做事非常鲁莽,不管父母说什么都听不进去。小宇的日常作息也没有任何规律,该睡觉的时候不睡觉,对睡眠的需求和同龄人相比要少很多。小宇做事情三分钟热度,不会坚持把事情做完,即使是玩游戏也跟别的孩子不一样,总是动来动去,看电视的时候也是满屋子跑。完成学校老师布置的作业时,小宇一会儿摆弄桌上新买的汽车模型,一会儿向窗外张望楼下的孩子在玩什么,根本不能安静地写几个字。

据小宇的老师反映，他在学校里也有很多问题。上课时，他不能安静地坐在座位上，经常随意离开座位，可能是去看看门外走过的人，也可能是去拿讲台上的粉笔。小宇总是在课堂上插嘴，想说什么就说什么，老师管束小宇的时候，小宇就公然和老师叫板。在课堂之外，小宇也不能像其他孩子那样能够在排队时耐心等候，经常违反学校纪律，他还会无缘无故地发脾气，导致很多同学都不愿意和他交往。由于小宇从来没有认真听讲过，学业表现也一直不理想。

据父母表述，小宇从小就是个闲不住的孩子，常常在房间里跳来跳去，家人在后面追都追不上，只要小宇走过的地方，东西就被撞得东倒西歪。尤其是在爸爸出差时，小宇搞破坏的程度更加强烈。家人最初还尝试过一些办法约束小宇，如妈妈强行没收他所有的玩具，看着他写作业，但是他反抗激烈，父母试过几次不见成效，之后也就纵容他的行为了。小宇母亲还提到，小宇的父亲也有一些类似多动的行为表现，如经常打断别人说话，看电视的时候也会摸摸这儿、动动那儿的。

 案例解析

需要关注的表现

本案例中，小宇有明显的活动增多的表现。小宇在课堂上坐不住、不能安静地听讲，随意讲话，经常在课上打断老师，违反学校纪律，排队时不耐心，常常反抗他人的约束。在家里小宇也同样无法安静学习，不能持续做完一件事情，反抗父母的管教，作息时间不规律，睡眠需求少。这些行为导致小宇在人际关系、学业表现等方面都有较大困扰。

在家庭中，小宇一直是一个不受约束的常常搞破坏的角色，父母曾经尝试限制小宇的过度活动，但在尝试无效后便妥协了，不再给小宇设置任何规则。家庭中如果没有规则，孩子就无法分辨怎样的行为是恰当的，从而完全按照自己的主观意愿行事。另外，父亲出差不在家是影响小宇多动表现的因素之一，这说明父母的陪伴对孩子来说是安全感的重要来源。如果父母一方经常出差，并且忽视孩子对父母不在家的情绪反应，可能会导致孩子产生不被重视、不值得被爱的感觉。孩子如果经常处于这种情绪中，就会容易产生冲动、多动等行为问题。

在学校中，小宇由于做事冲动、不守规矩、爱发脾气等表现，可能会导致一系列的继发问题。比如，教师在课堂中面对几十个学生，可能无法做到一直耐心地帮助小宇遵守课堂秩序，难免会对小宇的不良行为进行说教；而教师的说教可能会导致小宇觉得不被接纳，进而用更加对立违抗的方式回击。在和同伴相处的过程中，小宇的一些冲动行为可能会导致同伴对其产生不好的印象，因而可能会在课内课外的活动中拒绝接受小宇的加入，这种被排斥的体验会激发小宇更多的不满情绪，让他使用更加不恰当的方式对同伴做出回应，从而形成一个负性循环。另外，多动的表现导致小宇不能专注学习，学业表现也受到某种程度的影响。学业表现是孩子成就动机的重要来源，学业表现不好容易导致孩子出现自卑心理和焦虑情绪，这也会进一步导致多动行为的增加。

另外，小宇多动的问题也可能受到生理和遗传因素的影响。家长和教师可能会下意识地认为孩子多动是因为神经系统过于兴奋，但事实上是因为孩子中枢神经的兴奋度太低了，大脑中的能量不足以帮助孩子在完成任务时激活身体，这让他们感到压抑、难受，因而要通过无休止的动作来刺激自己的大脑神经，让自己感觉好一点。所以，多动症状产生的根本原因是孩子大脑功能出现了一定程度的失调。值得注意的是，多动的症状受遗传因素影响较大，如果父母一方有多动障碍，其子女患有多动障碍的风险大约为 60%，并且男孩比女孩更容易存在多动症状，比例大约为 4：1。

一、常见干预误区

存在多动表现的孩子常常也会表现得好争辩、脾气火爆、任性和有攻击性，并且他们不愿意被约束，常常坚持按照自己的方法做事情；这使得家长和教师常常认为这类孩子在故意和自己作对，把孩子的行为归于道德品质问题，并且多采用严厉的教育方式对待这类孩子。不能忽视的是，有些孩子表现出多动的行为特点并不是故意捣乱或者有道德问题，而是他们确实无法控制自己的行为。他们出现了神经兴奋性异常，很难进行自我控制，进而出现了冲动、多动、情绪不稳定等行为问题。如果家长和教师只是采取限制行为或者严厉的方式，不仅不能帮助孩子减少多动的表现，反而会影响孩子的自尊水平，使他们对自己的行为、能力以及学业方面的自我评价降低。

二、推荐干预方向

面对小宇的多动，家长和教师可以尝试从以下几个方向入手进行干预。

（一）使用有吸引力的方式提高孩子的兴奋程度

有多动行为表现的孩子常常感到大脑中的能量入不敷出，尤其是像学习这种包含很多大脑执行和加工活动的任务，对多动的孩子来说非常有挑战。案例中的小宇和其他同龄孩子学习相同的课程内容，但是小宇的神经兴奋水平更难被满足，因此小宇需要通过其他的活动来帮助自己，如在课堂上离开座位走动或者随意插嘴。对于类似小宇的情况，教师要尽可能地提供一些视觉化强的、能激起孩子兴奋的刺激物，如不定时、不定频率地对小宇的积极表现给予肯定或奖励，以及在课堂中增加一些帮助孩子获得成就感的环节，这样可以延长孩子安静且专注的学习时间。

 小贴士

大脑的执行功能

执行功能（executive function）是指个体在实现某一特定目标时以灵活、优化的方式控制多种认知加工过程协同操作的认知神经机制。正常的执行功能可使人们在面对需要迅速做出决定时，从众多的信息中进行信息整合，选择必要的信息，实施计划行为，形成推理并解决问题。

较公认的执行功能类型包括：①注意和抑制，即注意与任务相关的信息和加工过程，同时抑制无关信息；②任务管理，即在加工复杂任务时，将注意在不同任务中进行切换；③工作记忆，指在短时间内存储和保持信息的能力；④计划，规划目标行为的加工序列；⑤决定和监控，即发起行动，按照要求监测和改变策略。

（资料来源：邵胜利，2004）

（二）使用正面和负面反馈，帮助孩子调节行为

家长和教师可以使用奖励和惩罚的方式帮助孩子学习如何做出适当的行为。比如，对于小宇来说，当他在表现出违反校园规则的行为时应该给予适当的批评教育，反之当他表现出遵规守序的积极行为时应该及时表扬或给予奖励。一个有效的方式是建立"代币制"，在孩子完成任务后及时记录孩子的良好行为，夸赞孩子付出的努力以及取得的成果，孩子在积攒一定数量的良好行为记录时，可以申请满足自己的一个要求。对于破坏性的行为，可以使用剥夺特权的方式，也就是取消孩子做某件在意的事情的权利，让孩子承担不良行为的自然后果。

（三）通过允许孩子活动来控制活动

堵不如疏，允许孩子活动反而是有助于控制多动行为的好方法。孩子有活动需求的时候，只靠压制是无效的，甚至适得其反。比如，小宇在完成家庭作业的时候，母亲如果一味地要求小宇安静坐好，只会让小宇越来越急躁，写作业的效率也一定很低，这时候不如让小宇简单活动一下，调整好状态后再继续学习。在学校中，教师可以给多动的孩子授予一些特权，如安排可以扭动的座椅或者使用瑜伽球替代座椅，允许孩子在教室后面站着听讲，允许孩子在上课时拿一个不会出声的减压球来应对烦躁，以及邀请孩子在需要的时候大胆提出休息的要求。当孩子想要更多活动时，教师可以用另一种积极的方式满足孩子的需要，如让孩子把什么东西拿去办公室。

（四）建立日常生活的秩序

多动的孩子生活往往很容易混乱，如小宇日常作息没有规律，做事情也没有计划，常常是三分钟热度，因此帮助小宇建立秩序是必要的。每天从起床到入睡，尽量帮助孩子保持相同的生活习惯，其中包括学习功课、家庭事务以及娱乐的时间。可以在冰箱上贴一张时间安排表（表5-1），或者在墙上挂一块公告

板。如果出现变化，尽可能提前在时间表上写出来。为了增加有序感，孩子的日常物品也都要尽量放在一个专门的位置，包括衣服、背包和玩具等。

 百宝箱

时间安排表

家长可以参考表 5-1 帮孩子制订时间安排表，陪孩子填写完成情况。

表 5-1　时间安排表(示例)

时间	任务	完成情况
6：30—7：00	起床、洗漱	
7：00—7：20	吃早饭	
7：20—7：30	收拾书包、出家门	
16：00—17：00	(星期一/三/五)和朋友户外玩耍 (星期二/四)上钢琴课	
17：00—18：00	写家庭作业	
18：00—19：00	晚饭及饭后休息	
20：00—21：30	课外阅读/家庭游戏	

(五)指导孩子学习适当的人际交往技能

像小宇一样，多动的孩子往往在建立稳定人际关系方面存在困难，他们可能不清楚在不同场景如何对同伴做出回应，或者他们的多动行为可能会令同伴感到反感。因此，家长和教师可以花些时间指导多动的孩子学习人际交往技能，如怎样等到轮到自己时才说话、分享物品、寻求帮助或者回应嘲笑之类的，以及帮助孩子学会读懂其他人的面部表情和语调，并用恰当的方式应对。

(六)帮助孩子缓解焦虑的情绪

不难发现，在焦虑的时候每个人身体都会有一些小动作，如在一个重大事件之前常常会攥一攥拳头、搓搓手或捏捏衣角等。案例中的小宇在自己父亲出差时出现了焦虑的情绪，与之伴随而来的是多动表现的增加，这种情况可以问问小宇对自己父亲的离家有什么担心，哪些担心是不切实际的或是可以解决的。总之，家长和教师可以帮助孩子调节焦虑情绪来缓解多动症状，帮助孩子学习觉察情绪，了解焦虑情绪给自己带来的影响，以及寻找适合自己的应对焦虑的方式。

（七）注意识别孩子是否有注意缺陷/多动障碍的可能性

当孩子有较明显的多动表现且持续时间较长，已经对正常完成学习和生活中的任务造成影响时，建议带孩子到专科医院进行诊断并配合专业的心理咨询或心理治疗的干预。有时候，被诊断为注意缺陷/多动障碍的孩子可能还需要使用一些药物来帮助调节自己大脑的兴奋程度，具体用药的细节请遵医嘱。

 小贴士

儿童注意缺陷/多动障碍快速诊断（多动类型）

如果孩子符合下面 8 个行为条目中的 6 条及以上（17 岁及以上的青少年需要符合 5 条），并且表现持续存在超过 6 个月，则有患注意缺陷/多动障碍（多动类型）的可能性，需要进一步到专科医院或相关专业机构进行评估和诊断：

（1）经常手脚动个不停或在座位上扭动；

（2）当被期待坐在座位上时却经常离座（例如，离开教室、办公室或其他工作场所，或是在其他情况下需要保持原地的位置）；

（3）经常在不适当的场合跑来跑去或爬上爬下（注：对于青少年，可以仅限于感到坐立不安）；

（4）经常无法安静地玩耍或从事休闲活动；

（5）经常"忙个不停"，好像"被发动机驱动着"（例如，在餐厅、会议中无法长时间保持不动或觉得不舒服，可能被他人感受为坐立不安或难以跟上）；

（6）经常讲话过多；

（7）经常在提问还没有讲完之前就把答案脱口而出（例如，接别人的话，不能等待交谈的顺序）；

(8)经常难以等待轮到他/她(例如,当排队等待时);

(9)经常打断或侵扰他人(例如,插入别人的对话、游戏或活动,没有询问或未经允许就开始使用他人的东西,青少年可能是侵扰或接管他人正在做的事情)。

(资料来源:美国精神医学学会,2014,有删改)

第四节 网络依赖

随着互联网的高速发展,网络成瘾现象也随之涌现。一些孩子通过网络世界找到了另一片天地,难以回归现实生活。下面案例中的晓峰就是这样的一个孩子,请一起看看该如何帮助他。

 案例

沉迷网络世界无法自拔

晓峰是一个13岁大的男孩儿,在某中学读初中7年级,暂时处于休学状态。母亲说晓峰现在每天在家几乎用全部时间玩网络游戏,谁阻止他,让他停止玩游戏都不行,并且还有越来越严重的趋势,最近有时候为了玩游戏连饭都不吃了。当母亲劝说或者阻止晓峰时,他就会大发脾气,甚至会威胁母亲不让自己玩就去死。晓峰的母亲十分害怕,不敢再阻止晓峰玩游戏。但是,看着孩子这样一天天地玩下去,不和任何人交流,也不知道什么时候能恢复上学,母亲为孩子的前途感到非常担忧。

从晓峰母亲处了解到晓峰刚出生后不久,他的父亲在外赌博欠下高利贷,他的母亲只能一人在外做生意养家糊口,把晓峰留给60多岁的奶奶照顾,住在农村老家。四岁时晓峰的父母离异,他被判给母亲养育,母亲由于生意的需要带晓峰到城市里居住。由于母亲做生意非常忙碌，晓峰搬到城市后是由舅舅和小姨轮流照顾的。晓峰寄人篱下，在舅舅和小姨家都是处处小心，担心做错事情被嫌弃。4年级的时候，晓峰患了心肌炎休学一年，那时母亲也几乎没有给晓峰太多的照顾。直到6年级后，母亲重新把晓峰接回家一起生活。晓峰上了7年级后，要学习的课程一下变多了，晓峰感到学业压力很大，学业表现一直不理想，开始出现不想上学的想法，上课经常趴着，拒绝回答老师的问题，也不完成家庭作业。上半学期还能勉强坚持去学校，下半学期因为频繁逃课，学校要求晓峰母亲为孩子办理休学。休学后，晓峰没有事情做，一开始只是用玩网络游戏打发时间，之后就失去控制一发不可收拾了。

在和晓峰沟通的过程中，晓峰说自己并不讨厌学校，学校中有很多自己的"铁哥们"，自己也非常喜欢体育课，体育课学业表现在班里是最好的。晓峰说自己之所以想要玩网络游戏，是因为只有在游戏中才会有自由和快乐，以及体验到成就感。晓峰很担心留级后与新班级的同学相处困难，也害怕老师不喜欢自己，认为自己是个"坏学生"。

 案例解析

需要关注的表现

在本案例中，晓峰出现了典型的网络成瘾表现。晓峰自休学后，在家的时间会一直想着上网，并且上网时间仍然在不断增加。晓峰对自己玩游戏的行为是失去控制的，在母亲阻止晓峰玩游戏时，晓峰会激烈地反抗。另外，沉迷于网络游戏导致晓峰很难恢复学习功能，更难回到学校中正常上课。沉迷网络游戏也让晓峰更少也更畏惧参与现实生活中的人际交往。

从案例中可以看到，晓峰的家庭经历是非常曲折和复杂的，他从小到大很少得到父母的照顾和陪伴。晓峰小的时候，父亲赌博负债，周围的人对父亲的负面评价可能会导致晓峰产生自卑的情绪。母亲在外做生意，六十多岁的奶奶在照顾晓峰时难免有不周，即使能够给晓峰提供足够的物质条件，在情感关怀上奶奶却难以代替父母的关爱。父母离婚让晓峰经历了家庭破裂，从农村老家搬到城市居住也会导致晓峰离开一起玩的小伙伴。在陌生的地方晓峰又被寄养在亲戚家，即使是患病休学的时候，也没有得到母亲足够的照顾。在这样的成长过程中，晓峰没有感受过家庭的温暖和支持。当一个人被爱、被关注的心理需求在现实生活中得不到满足时，会转向虚拟世界来获得安慰。比如，晓峰会在网络游戏中享受和队友结盟、共同战斗的过程，这和家人之间彼此支持的感受是非常相似的。晓峰感受到网络世界能够弥补现实生活中缺乏被爱的痛苦时，就会倾向于越来越多地选择网络游戏来满足自己的需求，从而渐渐沉迷于网络。

在学校中，晓峰进入初中后，难以适应学业压力突增的变化，学业表现落后，这使晓峰感到挫败，自我效能感下降。由于缺少被支持的经历，晓峰在面对学业上的压力时，可能会出现不相信自己能够应对的自卑和无力的感受。面对这样的负面感受，晓峰选择了回避的应对方式，将自己的竞技场从学习中迁移到了网络游戏中；晓峰在游戏中的成功经历可以使他体验到控制感和成为英雄的快感。玩游戏这个过程会刺激大脑的奖赏中心，让晓峰的大脑在短时间内释放大量的多巴胺，这种神经递质会让晓峰觉得亢奋和自信，并且期待重复得到这种感觉。在虚拟世界中，晓峰终于获得了现实世界中没有体验到的"好孩子"的感觉。长此以往，晓峰越来越追求网络游戏带来的快乐，以致沉迷其中无法自拔。

晓峰的表现也可能受到生理因素的影响。晓峰父亲沉迷赌博，这也是成瘾行为的一种表现，晓峰可能由于遗传因素的原因更容易出现成瘾行为。另外，13岁的晓峰刚刚进入青春期，认知水平相比之前有所发展，开始追求自己独立的想法和决定行为的权利了。因此，晓峰不再愿意处处听从家长和教师的教导，对家长和教师的话可能会表现出对立违抗。但同时，晓峰的自制力水平仍然不足以让他做出完全对自己负责任的决定，这个时候就更容易失去控制，沉迷于网络了。并且青春期的孩子对同伴的看法非常在意，留级可能对晓峰来说意味着自己"坏学生"的标签无法被摘掉，所以选择逃避面对现实中的挑战。

一、常见干预误区

面对孩子痴迷网络游戏的情况，很多家长和教师采取的方式都是禁止孩子去做这件事情，如没收孩子的手机、断网或取消孩子的经济支持，这样的方式在一定程度上确实能够让孩子暂时远离网络，帮助孩子明确规则。然而有的时候这些方法可能效果不够好，因为孩子玩游戏这个行为只是表面的现象，其背后有更深层的原因。比如，孩子可能是因为在学习中感到挫败，需要在游戏中寻找成就感；也可能是因为家庭冲突频繁，孩子需要玩游戏让自己从战火重重的家庭环境中隔离出来一会儿。不解决这些更重要的问题，只是单纯没收孩子的手机肯定是不管用的。另外，从行为角度来看，越是被禁止玩游戏，孩子对游戏就会充满更强烈的好奇心和逆反心理。因此，一味地通过禁止的方式让孩子远离网络游戏，只能是南辕北辙，并不能解决问题。

二、推荐干预方向

对于晓峰这类网络成瘾的孩子，家长和教师可以从以下几个方面入手进行干预。

（一）了解成瘾行为背后的深层原因

案例中的晓峰出现了网络游戏成瘾的行为，但这只是晓峰的外在行为表现，他之所以这样做是存在更深层次的原因的。就像晓峰自己表达的，之所以想要玩网络游戏，是因为只有在游戏中他才会感到自由和快乐，才能体验到成就感。作为家长和教师，想要帮助晓峰，也许要从了解晓峰为什么不得不通过网络游戏寻求快乐入手。晓峰在家庭成长经历中没有得到过父母完整的照顾，寄人篱下的生活也让晓峰更加没有安全感，这种不安全感会导致晓峰觉得世界是充满危险的，并且在发生危险时会更容易认为自己是不能掌控的，升入初中后学业压力突增就是个"危险"信号，晓峰在缺少外界支持的情况下没能应对好这个压力事件，而产生了深深的挫败感，继而无法正常上学，沉迷网络游戏。家长和教师应该寻找合适的机会和晓峰进行平静地沟通，倾听晓峰的成长经历，尝试从晓峰的角度理解他玩游戏的原因，正常化玩游戏对晓峰的意义，然后再帮助晓峰寻找更合适的应对方式，以减少网络使用时间。

　　网络成瘾只是能够被直接观察到的表面行为，并不能反映孩子全部的心理过程，成瘾行为背后潜藏的是孩子在学业、人际、家庭等方面的困难，以及由此引发的负性情绪状态，这些才是孩子亟待解决的问题所在。网络是孩子逃离现实困难的一个临时庇护所，在把这个庇护所拆掉之前，家长和教师要给孩子建起另一个更安全、更稳定的庇护所，即从导致网络成瘾这个行为的本质原因促使孩子开始做出改变。

（二）发展广泛的兴趣爱好替代网络游戏

　　晓峰在休学之前并没有沉迷于网络游戏的行为，最初是因为休学在家没有事情可以做，出于打发时间的目的开始玩游戏，之后便一发不可收拾了。所以对于晓峰来说，找到可以替代网络游戏的娱乐或休息方式特别重要。

　　对于网络成瘾的孩子，家长和教师要积极引导孩子发展广泛的兴趣爱好，让游戏不再是他们唯一获得快乐的方式。同时也要做好心理准备，意识到对于已经网络成瘾的孩子，帮助他们转移注意力是非常困难的，需要更多耐心和引导。比如，家长可以以身作则，在家里减少使用网络的时间，抽出时间来陪伴孩子，一起参加健康的娱乐活动，如阅读、运动等，和孩子一起发现和发展新的兴趣爱好，科学合理地利用闲暇时间。

（三）找到积极的应对方式，提升孩子的抗挫折能力

　　沉迷于网络虚拟世界的孩子有一个共同特点，就是当他们遇到困难和挑战时，常常采取回避的应对方式，而不是尝试解决问题或向他人求助，而持续地回避问题又必然会导致应对挫折的能力越来越差。比如，晓峰在升入初中后，学业方面遇到了挑战，他采取的是回避挑战的应对方式，不听课也不完成作业。面对晓峰的这种情况，家长和教师可以主动了解晓峰面临的困难，帮助晓峰看看学习上有不会的问题可以如何找教师和同学帮忙，以及和晓峰一起讨论应对问题可以具体做哪些事情，并且在晓峰尝试解决问题时多提供辅助和支持。

　　选择逃避困难是因为孩子找不到更好的解决问题的方式，所以这个时候就特别需要家长和教师作孩子的"脚手架"，帮助孩子在应对困难时积极调整对事情的看法、主动想办法解决问题，或者寻求他人支持。当孩子使用这些积极的方法收获成功应对困难的成就感时，就会越来越有信心战胜困难了。

（四）提供关爱和关注，减少孩子的孤独感

多数沉浸在网络世界的孩子在现实生活中都缺少人际支持，也缺乏身边人的关爱，这让他们依赖网络环境中的被他人关注、与他人互动的机会。案例中的晓峰本来在学校中有很多"铁哥们"，这些朋友是晓峰非常重要的积极资源，但是休学在家导致晓峰无法见到朋友，失去了朋友的陪伴和关注，因此不得不到游戏中结交新朋友。所以帮助晓峰的一个好办法是，创造合适的环境和条件让晓峰在人际关系中感受更多的关爱和关注。

帮助网络成瘾的孩子建设自己的"安全港湾"非常重要，这个"港湾"中包括家长、同伴、教师等各个角色，这些人一同为孩子提供能量支持，让孩子觉得自己是被爱的，是有能量面对现实生活中的困难的。因此，家长要在日常生活中多陪伴孩子，在孩子需要的时候给予理解和支持；教师可以在班级中或者课外多激励孩子发挥自己的特长，让其感到自我效能感，也要鼓励孩子多和朋友相处，得到更多同伴的支持，让他们能够释放压力，排解孤独。

（五）制定规则，温柔而坚定地执行

家长和教师不要因为害怕孩子网络成瘾，而强行禁止孩子接触各种网络和电子产品，其实合理使用网络对孩子的学习和生活是有利的。案例中的母亲因为阻止晓峰使用网络后得到了晓峰的激烈反抗，之后便不对晓峰有任何约束了，这会让晓峰认为只要反抗就可以不用遵守任何规则，也就不会听母亲的话了。晓峰的母亲应该根据孩子目前使用网络的情况，制订适合晓峰当前现状的规则。

家长可以和孩子一起商量，制订一份"上网契约"或者"上网时间计划表"（见表5-2），计划中大致涵盖孩子每周上网时间总量以及做不同事情的时间占比，如用多少时间来玩游戏，用多少时间在网络上和朋友聊天，用多少时间来看视频，制订计划后要对孩子网络使用的实际情况进行合理、有效的监督。家长控制孩子上网时间的总量，孩子自己决定如何分配具体的时间。

百宝箱

上网时间计划表

家长可以参考表 5-2 陪孩子制订上网时间计划表。

表5-2　上网时间计划表(示例)

日期	本周上网时间总量(10 小时)		
	游戏已用时长 （共 180 分钟）	聊天已用时长 （共 180 分钟）	看视频已用时长 （共 240 分钟）
2024.5.20	30 分钟	30 分钟	30 分钟
2024.5.21	20 分钟	20 分钟	60 分钟
2024.5.22	30 分钟	30 分钟	20 分钟
2024.5.23	20 分钟	60 分钟	20 分钟
2024.5.24	20 分钟	20 分钟	30 分钟
2024.5.25	20 分钟	20 分钟	60 分钟
2024.5.26	20 分钟	20 分钟	20 分钟
本周合计	160 分钟	200 分钟	240 分钟

第五节　胆小与退缩

除了比较外显的行为问题，还有一些孩子会表现得特别胆小和退缩。这样的情况也是值得家长和教师关注的。本书最后一个案例就希望家长和教师能关注这个类型的孩子。

案例

"太危险了，我不敢！"

乐乐上小学 2 年级了，她在父母和老师眼里是一个勤勉、努力的乖孩子，在学校上课认真听讲，从不违反纪律，回到家里认真完成作业，帮助父母做力所能及的家务。但是让老师和父母有些担忧的是，乐乐和其他同龄孩子相比显得有些胆小、怯懦。

在学校里，乐乐从来都不和同学发生冲突，总是让着同学，自己受了委屈也都是忍着。有一次，乐乐的橡皮被同学误拿了，但是乐乐不敢让同学归还自己的橡皮，只能回家找母亲买一个和其他同学都不一样的橡皮，避免再被同学误拿。乐乐从小学习美术，她的绘画水平是老师和同学公认最好的。有一次学校组织现场绘画大赛，其他同学都踊跃报名，乐乐却不愿意参加，不管老师和父母怎样动员都不行。乐乐说她觉得现场作画时间太紧张了，自己肯定画不完。乐乐也常常不敢加入同学的游戏，担心同学认为她做得不好而嘲笑她，渐渐地同学们也不再邀请乐乐加入游戏了，乐乐课间的时候都是自己一个人坐在座位上。

乐乐在家里也非常胆小，凡事都对父母言听计从，几乎从来没有自己的主见。去超市的时候，父母问乐乐想买什么东西，她常常挑来挑去，犹豫不决，发现喜欢的东西也只会在货架前面看几眼，不敢直接对父母说想要买下来。为了帮助乐乐勇敢接受挑战，母亲给乐乐报了一个野外露营夏令营。临出发前两天，乐乐忧虑地吃不下饭，担心离开母亲自己不能生活，也担心自己在陌生人面前不敢说话。

乐乐的父母都是会计，工作上一丝不苟，在家里也非常严谨。在乐乐小的时候，父母就非常重视培养乐乐好的行为习惯，所以对乐乐要求比较严格，在乐乐做错事的时候会严厉批评她，并且会让乐乐重复练习，直到她能够把事情做好为止。父母认为孩子得害怕父母才行，这样才能听从父母的管教，从小养成好习惯。另外，父母为了全方面培养乐乐的兴趣和爱好，给乐乐报了很多课外班，乐乐从小几乎没有在课余的时间约小伙伴出去玩儿过。

 **案例解析**

需要关注的表现

　　本案例中，乐乐的性格有些胆小、怯懦，遇到困难容易退缩。在学校里，乐乐受到其他同学欺负时，害怕与同学发生矛盾，不敢维护自己的利益；即使是自己擅长的美术，也会担心在比赛中不能发挥出正常的水平而不敢参加。在家庭里，乐乐也不敢发表自己的观点，不能直接表达自己的需求。乐乐也会对新的环境和陌生人感到恐惧，认为自己不能处理好可能遇到的问题。面对富有挑战的任务时，乐乐通常采取回避和退缩的方式。乐乐的这些行为可能会对她的学业表现和人际关系造成影响。

　　从家庭环境角度来看，乐乐的父母是非常严厉的，在乐乐做错事的情况下，往往采取批评的教育方式，并且父母对乐乐的行为有较多的控制，会让乐乐严格按照他们的要求做事。这种专制型的父母会导致孩子做事情的时候一直处于心惊胆战的状态，害怕哪里做错了被父母批评，因而不敢自己拿主意，遇到事情犹豫不决。即使这样做确实可能帮助孩子建立好的行为习惯，但孩子不是出于真心认可这个做法，而是出于对父母批评的恐惧，这应该也不是父母期待的结果。而且，孩子长期在这样的家庭环境下成长，会变得胆小、怯懦，不相信自己可以做好，缺乏自我意识。另外，父母由于想要培养乐乐广泛的兴趣爱好，给乐乐报了很多课外班，导致乐乐小时候和同伴交往的机会非常少。儿童时期与同伴玩耍是孩子练习人际交往技能的关键时期，缺少人际交往导致乐乐不知道如何与他人建立关系和维系关系，也不知道如何处理和同伴间的冲突，这会对乐乐之后的人际关系造成非常大的影响。

　　从学校环境角度来看，乐乐由于不相信自己的能力，可能会错过很多展现自己的机会，这让乐乐的优势无法被教师和同学看到。没有施展才华的空间，必然也很难获得成就感。在和同学相处的过程中，乐乐由于缺少人际交往技能，因而很难建立稳定的友谊，并且在和同伴发生矛盾时回避冲突而选择忍让，这会使乐乐在同伴团体中处于弱势的地位。在小学阶段，孩子的交往对象逐渐从家人转为同伴，好的同伴关系能够帮助孩子获得成就感和自信心，在同伴团体中被认同可以让孩子体验到归属感和安全感。反之，像乐乐这样胆小、回避人际交往的孩子在与同伴交往的过程中更易产生负面的感受，对人际交往越来越害怕和抵触，而缺少同伴支持又会进一步导致孩子更加缺乏自信。

乐乐在家庭和学校中的行为模式还会泛化到其他方面，如乐乐不敢外出参加夏令营，不愿意主动探索新事物，也不愿意接触新环境，遇到未知的情况首先选择退缩，这不仅因为乐乐对自己成功克服困难缺乏信心，还因为乐乐可能不具备应对困难的能力。

一、常见干预误区

当孩子表现得胆小、怯懦时，家长和教师常常会有两种反应。一种是不顾孩子的感受，强行要求孩子克服恐惧，去完成有挑战的事情，这样做可能会导致孩子因挑战过大、无法胜任，而受到挫折，更加没有自信。另一种是家长和教师会因为孩子无法完成任务而替孩子包办，虽然这样做能够帮助孩子一时解决问题，但孩子仍然没有习得解决问题的能力，因此在面对类似的事情时仍然不会处理。胆小、怯懦不是错误，而是孩子出于恐惧的心理不敢面对挑战，家长和教师要看到孩子的恐惧，再从孩子的角度出发帮助其克服恐惧。

二、推荐干预方向

对于乐乐的退缩行为，家长和教师可以尝试从以下方向入手进行干预。

（一）为孩子提供安全的依恋关系

案例中的乐乐是非常害怕父母的，因为担心受到父母的批评，在家中不敢表达自己的想法和感受。家庭对乐乐来说不是一个安全、稳定的场所，那么当乐乐遇到困难和挑战时，自然也没有办法从家庭中汲取能量。因此，要想帮助乐乐提升自信心、勇于面对困难，父母要为乐乐提供安全的依恋关系，让家庭成为乐乐的一个稳定的加油站。只有乐乐清楚地知道父母是"无条件"爱自己的，能够接纳自己做得不够好的地方，也能够接受自己的各种情绪状态，才可能在遇到挑战时大胆尝试、不懈努力，知道即使没有成功也不要紧，因为可以随时回到加油站重新积蓄能量、再次出发。

为孩子提供安全的依恋关系需要家长在生活中多关心孩子的情绪，理解孩子在面对挑战或遇到挫折时会有不好的感受，鼓励孩子表达出自己的情绪。家长要尝试从孩子的角度共情孩子，让孩子觉得自己是被理解的、被接纳的。家长要经常向孩子表达爱，言语和非言语两方面的表达都非常重要。另外，家长要在日常生活中增加陪伴孩子的时间，让孩子知道自己在父母心中是重要的，尤其是在孩子面对挫折感到担心或害怕时，家长要让孩子觉得自己不是一个人在面对困难。

 百宝箱

如何对孩子表达爱

1. 言语

(1)"我爱你"；

(2)"你是爸爸/妈妈的宝贝"；

(3)"爸爸/妈妈为你感到骄傲"；

(4)"即使失败了，爸爸/妈妈也爱你"；

(5)"不管发生什么事，爸爸妈妈永远是你坚实的后盾"。

2. 非言语

(1)外出时牵着孩子的手；

(2)起床或睡前温柔地拥抱孩子；

(3)让孩子依靠在自己的身上；

(4)静静陪伴在孩子身边；

(5)专注地和孩子一起做事情。

（二）给孩子提供适当的自主空间

乐乐的父母会根据自己的想法来控制孩子的言行，完全忽视孩子的看法和感受。在乐乐没有按照自己的要求做事时会惩罚乐乐，这导致乐乐没有自主做决定的空间，自然也无法培养出应对困难的勇气和能力，乐乐的父母要学会给孩子提供适当的自主空间。

　　家长教育孩子的方式过于严厉或过于宠溺都是不合适的，最适当的教养方式是有规则且灵活的，家长不过多干涉孩子的决定或行为，同时在孩子表现出需要时有回应。在这样的教养方式下，孩子一般都会有较强的独立性，面对挑战时敢于尝试，可以接受失败。家长要学会"放手"，可以根据孩子的思维发展水平逐渐给孩子适当的决策权，如在讨论孩子自己卧室的装修风格、是否需要上辅导班等和孩子相关的事情时，慢慢让孩子养成自己决定自己的事情的习惯。同时，因为孩子的能力是有限的，可能确实在面对一些困难的时候，他们还没有足够的力量做好所有事情，所以在孩子应对挑战时，家长要站在孩子的一旁，在孩子遇到危险的时候提供支持和保护。就像孩子学习骑自行车一样，家长要鼓励孩子去尝试，过程中不需要一直扶着车子，但需要在车子倾斜、孩子即将摔倒的时候扶一把，当孩子保持平稳后再次放手。

（三）帮助孩子增加自信心

　　自信的孩子愿意相信自己有完成任务的能力或相信通过自己的努力事情会有好的进展，即使没有成功也不会气馁。但对于乐乐来说，她不相信自己有能力应对挑战，即使是自己最擅长的美术。对于这种情况，家长和教师要帮助孩子重新找回自信心。

　　要想帮助孩子建立自信心，首先要避免让孩子挑战难度过大、明显超出其胜任力的任务。因为如果任务难度过大，孩子几乎没有成功的可能，一定会在事情中受挫，付出努力却得不到任何成就，就会对挑战任务丧失信心。当孩子做错或没有做好的时候，要就事论事，尽可能陈述事实，不要全盘否定孩子，让孩子明白自己只是没有完成好当前这一个任务，并不意味着自己是无能的，是不好的。也就是要避免说"你这孩子怎么这么笨""你怎么总是干不好"，而是说"你这件事没有做好""这里还有一点提升的空间"。每个孩子都是不一样的，都有各自的长处和短处，家长和教师要善于发现孩子身上的闪光点，并且积极赞美孩子努力的过程，因为不管结果如何，努力本身就是值得肯定和表扬的。比如，可以对孩子说"你很棒，你在考试前认真复习了×××知识点，这是你努力的结果"，而不是单纯说"你很棒，考了100分"。

百宝箱

怎样说可以帮助孩子建立自信心

1. 场景一：孩子没有很好地完成被交代的任务

建议的表达：

"这件事情的这个地方出了一点问题。"

"这里还有一点提升的空间。"

不建议的表达：

"你这孩子怎么这么笨！"

"你怎么什么都干不好。"

2. 场景二：孩子某次考试获得了不错的学业表现

建议的表达：

"你在考试前认真复习了×××知识点，这是你努力的结果，爸爸/妈妈为你感到骄傲。"

不建议的表达：

"考了100分呀，这才是爸爸/妈妈的好孩子。"

（四）教孩子如何解决问题

孩子在困难前表现出退缩，有的时候不是因为不自信，而是因为他们真的不知道该怎样做。比如，乐乐可能确实不知道怎样向同伴提出加入游戏，也不知道当同学误拿了自己的橡皮之后怎样和同学交涉，所以遇到类似的情况时只能选择忍让和退缩。要想帮助乐乐建立好的同伴关系，家长和教师应该教乐乐学会一些人际交往技能，以及应对常见人际交往场景的方法。

当孩子对解决问题感到绝望，或者他们只尝试一种解决方案后就放弃时，可以使用"问题解决五步法"（见表5-3）帮助孩子思考应对困难的解决办法。第一步是"说出问题是什么"，和孩子明确当前要解决的问题是什么，一次只解决一个问题；第二步是进行头脑风暴，思考解决这个问题所有可能的解决方案，无论第一感觉是好还是坏的方案都可以写到列表中；第三步是思考以上提到的每一个方案，"如果我们采取这个方案的话，会有哪些好的事情发生，又会有哪些坏的事情发生呢？"把这些可能的结果记录下来；第四步是和孩子共同商量，选择其中一个方案去尝试；第五步是回顾和总结方案是否有效，如果成功了那就可以继续使用，如果方案不奏效，就再回到第二步的解决方案列表中，选择另一个备选方案继续尝试。

 百宝箱

问题解决五步法

家长和教师可以陪孩子练习应用"问题解决五步法"解决孩子生活中遇到的问题，把解决的具体过程以文字的形式记录在表 5-3 中。

表 5-3　问题解决五步法

步骤	内容	
1	说出问题是什么。	
2	思考尽可能多的解决方案。	
3	仔细思考上面列出的方案。如果采取某个方案，那么会有哪些好的或者坏的事情发生？	
	好的事情	坏的事情
	1.	1.
	2.	2.
	3.	3.
	4.	4.
4	选择一个解决方案去尝试，你会选择哪一个？	
5	看看方案是否有效。如果成功了，那就太棒了！如果方案不奏效，回到解决方案列表，并尝试另一个。	

（五）在生活中为孩子设置合适的挑战

孩子面临困难时表现出来的勇气和自信，是要在不断地应对困难的过程中慢慢培养的。对于案例中乐乐在人际交往场景中的退缩表现，需要引导她在实际的人际交往场合中不断练习，直到她能够对恐惧的事情逐步脱敏。因为对于乐乐来说，越是回避人际交往场合，她的人际交往能力越得不到锻炼，她对人际交往的恐惧情绪也会越严重，暴露练习是克服恐惧最直接且最有效的办法。但是练习是有方法的，不能盲目强迫孩子去做她害怕的事，需要找到一个合适的练习难度。

"挑战阶梯"（见表 5-4）是一个非常实用的工具。阶梯分为 11 个等级，对应 0～10 分，0 分意味着这件事情的难度非常低且很容易完成，10 分意味着这件事情的难度非常高且很难完成。对于孩子面临的一个大的宽泛的挑战，可以拆分为不同的难度层次，每个分数阶梯对应一个具体的事项。首先和孩子讨论出"挑战阶梯"中每一阶梯的内容，然后找到适合孩子去练习应对挑战的分数，如对于有些孩子来说，3 分、4 分稍稍有点挑战，但努努力去尝试一下又可以完成，这样的范围就是合适的。就从这个分数开始陪孩子练习，直到孩子对这个事件的挑战难度评分降低，再接着练习下一个难度高一点的挑战。在练习的过程中，家长要提供必要的陪伴、支持和肯定。孩子一步一步地尝试、练习，看到自己在"挑战阶梯"中不断攀升，这是一个增加自我效能感的过程，会让孩子对自己的能力更有信心。

 百宝箱

挑战阶梯

家长和教师可以陪孩子参照表 5-4 提供的示例制订适用于孩子的"挑战阶梯"。

表 5-4　挑战阶梯(示例)

事件	给这个事件的 难度打分(0~10)
在公众场合演讲	10
参加学校的表演/运动会	9
在很多人面前介绍自己	8
在餐厅找服务员要东西	7
上体育课	6
课上回答问题	5
在学校和陌生同学打招呼	4
课上小组讨论	3
课下问老师问题	2
和最好的朋友出去玩	1
和母亲待在家里	0

参考文献

［1］Altermatt，E. R. et al.，"Predicting changes in children's self-perceptions of academic competence：A naturalistic examination of evaluative discourse among classmates," in *Developmental Psychology*，2002(38).

［2］Butler，R.，"Information seeking and achievement motivation in middle childhood and adolescence：The role of conceptions of ability," in *Developmental Psychology*，1999(35).

［3］CASEL，"What is the CASEL framework," https：//casel. org/fundamentals-of-sel/what-is-the-casel-framework/＃the-casel-5，2021-10-12.

［4］Chorpita，B. F. & Weisz，J. R.，"Modular approach to therapy for children with anxiety，depression，trauma，or conduct problems（MATCH），" in *Satellite Beach*，FL，PracticeWise，2009.

［5］Crick，N. R. & Dodge，K. A.，"A review and reformulation of social information-processing mechanisms in children's social adjustment," in *Psychological Bulletin*，1994(1).

［6］Eccles，J. S. et al.，"Age and gender differences in children's self and task perceptions during elementary school," in *Child Development*，1993(64).

［7］Elkind，D. & Bowen，R.，"Imaginary audience behavior in children and adolescents," in *Developmental Psychology*，1979(15).

［8］Erikson，E. H.，"Eight ages of man," in *International Journal of Psychiatry*，1966(2).

［9］Family Education Editorial Staff，"How do you tell your children you're getting divorced," https：//www. familyeducation. com/life/how-divorce-affects-children/divorce-what-tell-your-children，2021-10-09.

［10］Family Education Editorial Staff，"Your child and the new baby：One step forward，two steps back,"https：//www. familyeducation. com/life/sibling-rivalry/your-child-new-baby-one-step-forward-two-steps-back，2021-10-09.

［11］Family Education Editorial Staff，"Help siblings adjust to a new baby," https：//www. familyeducation. com/life/sibling-relationships/help-siblings-adjust-new-baby，2022-12-01.

［12］Glass，R. M.，"Fluoxetine，cognitive-behavioral therapy，and their combination for adolescents with depression：treatment for adolescents with depression study（tads）randomized controlled trial，" in *JAMA*，2004（146）.

［13］Gnepp，J. & Klayman，J.，"Recognition of uncertainty in emotional inferences：Reasoning about emotionally equivocal situations，" in *Developmental Psychology*，1992（28）.

［14］Holodynski，M. & Friedlmeier，W.，*Development of Emotions and Emotion Regulation*（*Vol.* 8）. Berlin，Springer Science & Business Media，2006.

［15］Jacobs，J. E. et al.，"Changes in children's self-competence and values：Gender and domain differences across grades one through twelve，" in *Child Development*，2003（73）.

［16］Kamins，M. L. & Dweck，C. S.，"Person versus process praise and criticism：Implications for contingent self-worth and coping，" in *Developmental Psychology*，1999（35）.

［17］Kashdan，T. B. & Rottenberg，J.，"Psychological flexibility as a fundamental aspect of health，" in *Clinical Psychology Review*，2010（30）.

［18］Lazarus，C. N.，"Why you need to know your emotional temperature," https：//www. psychologytoday. com/us/blog/think-well/201407/why-you-need-know-your-emotional-temperature，2014-07-16.

［19］McMunn，A. M. et al.，"Children's emotional and behavioural well-being and the family environment：Findings from the health survey for England，" in *Social Science & Medicine*，2001（53）.

［20］NHS，"Helping your child with anger issues," https：//www. nhs. uk/mental-health/children-and-young-adults/advice-for-parents/help-your-child-with-anger-issues，2020-02-11.

［21］Pincus，D. B. et al.，"Cognitive-behavioral treatment of panic disorder in adolescence，" in *Journal of Clinical Child & Adolescent Psychology*，2010(39).

［22］Pomerantz，E. M. et al.，"Meeting goals and confronting conflict：Children's changing perceptions of social comparison，" in *Child Development*，1995(66).

［23］Powell，J. A.，"Why kids steal and what to do about it，" https：//www. familyeducation. com/life/stealing/why-kids-steal-what-do-about-it，2021-10-09.

［24］Rao，W. W. et al.，"Prevalence of depressive symptoms in children and adolescents in China：A meta-analysis of observational studies，" in *Psychiatry Research*，2019(272).

［25］Roeser，R. W.，Eccles，J. S.，& Sameroff，A. J.，"Academic and emotional functioning in early adolescence：Longitudinal relations，patterns，and prediction by experience in middle school，" in *Development and psychopathology*，1998(10).

［26］Sarwar，S.，"Influence of parenting style on children's behaviour，"in *Journal of Education and Educational Development*，2016(3).

［27］Two Parents，"Two home，" https://www. familyeducation. com/life/how-divorce-affects-children/two-parents-two-homes，2021-10-09.

[28]贝克：《认知疗法：基础与应用》，张怡、孙凌译，北京，中国轻工业出版社，2013。

[29]彼得森等：《习得性无助》，戴俊毅译，北京，机械工业出版社，2010。

[30]伯克：《伯克毕生发展心理学：从0岁到青少年(第4版)》，陈会昌等译，北京，中国人民大学出版社，2014。

[31]陈虹：《小学低段儿童交往能力状况与培养策略的研究》，博士学位论文，四川师范大学，2017。

[32]陈会昌：《儿童社会性发展量表的编制与常模制订》，载《心理发展与教育》，1994(10)。

[33]戴斌荣：《农村儿童社会适应问卷的编制》，载《心理与行为研究》，2019(17)。

[34]德鲁克：《管理的实践》，齐若兰译，北京，机械工业出版社，2006。

[35]德韦克:《看见成长的自己》,杨百彦、乔慧存、杨馨译,北京,中信出版社,2011。

[36]董莉、沃建中:《3—6 年级小学生人际交往发展特点的研究》,载《中国临床心理学杂志》,2005(01)。

[37]杜亚松:《儿童青少年情绪障碍》,北京,人民卫生出版社,2013。

[38]法伯、玛兹丽施:《如何说孩子才会听 怎么听孩子才肯说》,安燕玲译,北京,中央编译出版社,2013。

[39]冯冬梅等:《沙盘游戏治疗在儿童心理问题中的应用研究》,载《实用医学杂志》,2010(19)。

[40]顾明远等:《教育大辞典(上卷)》,上海,上海教育出版社,1998。

[41]蒋克就:《高中生人际交往发展特点研究》,载《广西教育学院学报》,2006(zl)。

[42]理查德、伯尔:《危机干预策略》,肖水源等译,北京,中国轻工业出版社,2018。

[43]林进材:《校园欺凌行为的类型与形成及因应策略之探析》,载《湖南师范大学教育科学学报》,2017(1)。

[44]刘朝莹,刘嘉:《做守信的家长 培养自律的孩子》,北京,北京联合出版有限公司,2017。

[45]刘慧、宋兴川:《浅析关于自杀的错误认知》,载《出国与就业:就业教育》,2011。

[46]刘耐烦:《初中生人际交往与自我概念关系研究》,博士学位论文,杭州师范大学,2011。

[47]刘翔平、余雪、张凤娇:《考试焦虑 100 问》,北京,北京师范大学出版社,2013。

[48]骆宏等:《青少年厌学的概念辨析》,载《健康研究》,2021(04)。

[49]刘逊:《青少年人际交往自我效能感及其影响因素研究》,博士学位论文,西南师范大学,2004。

[50]迈尔斯:《社会心理学》,侯玉波等译,北京,人民邮电出版社,2016。

[51]美国精神医学学会:《精神障碍诊断与统计手册》,张道龙等译,北京,

北京大学医学出版社，2014。

[52]尼尔森：《正面管教》，玉冰译，北京，北京联合出版公司，2016。

[53]纽曼：《发展心理学(下册)》，白学军等译，西安，陕西师范大学出版社，2009。

[54]帕帕拉等：《发展心理学：从生命早期到青春期》，李西营等译，北京，人民邮电出版社，2013。

[55]帕帕拉等：《孩子的世界：0－3岁》，郝嘉佳等译，北京，人民邮电出版社，2016。

[56]邵胜利：《大脑执行功能障碍与精神疾病》，载《神经疾病与精神卫生》，2004。

[57]申自力等：《我国中小学生厌学研究现状与进展》，载《中国学校卫生》，2012(10)。

[58]宋炯锡等：《家庭心理百科》，任李肖垚译，北京，九州出版社，2021。

[59]唐辉一、陈倩、吴俊华：《大学生社会性发展与心理健康的关系：述情障碍的中介作用及其性别差异》，载《心理发展与教育》，2021(37)。

[60]韦耀阳：《不同交往水平的中小学生交往归因特点的研究》，硕士学位论文，曲阜师范大学，2005。

[61]沃建中等：《中学生人际关系发展特点的研究》，载《心理发展与教育》，2001(03)。

[62]吴静：《青春期亲子关系新探——基于社会认知领域理论》，载《现代交际》，2020(15)。

[63]谢弗：《发展心理学(第9版)》，邹泓等译，北京，中国轻工业出版社，2016。

[64]熊猛、刘若瑾、叶一舵：《单亲家庭儿童相对剥夺感与心理适应的循环作用关系：一项追踪研究》，载《心理学报》，2021(53)。

[65]于素红：《美国个别化教育计划的立法演进与发展》，载《中国特殊教育》，2011(02)。

[66]袁泉：《面对焦虑依恋型的孩子，父母该怎么做?》，载《心理与健

康》，2021。

[67]张林：《青少年自尊结构、发展特点及其影响因素的研究》，博士学位论文，东北师范大学，2004。

[68]张亚利：《留守儿童心理健康教育问题研究述评》，载《中小学心理健康》，2022。

[69]朱媛媛、于素红：《九年级随班就读学生个别化教育计划文本分析研究》，载《中国特殊教育》，2011(10)。